백제는 일본의 기원인가

◉ 일본 지도 ◉

토오호꾸(東北)지방
쮸우부(中部)지방
쮸우고꾸(中國)지방
칸또오(關東)지방
큐우슈우(九州)지방
시꼬꾸(四國)지방
킹끼(近畿)지방

삿뽀로 札幌
12
3 아오모리青森
16
아끼따秋田
모리오까盛岡
45
야마가따山形
24
니이가따新潟
센다이仙台
마에바시前橋
후꾸시마福島
29
8
토야마富山
카나자와金澤
나가노長野
39
우쯔노미야宇都宮
쿄오또京都
후꾸이福井
43
10
미또水戸
15
14
우라와浦和
돗또리鳥取
코오베神戸
6
기후岐阜
26
35
41
찌바千葉
마쯔에松江
42
22
47
토오꾜오東京
히로시마廣島
31
13
36
1
38
오꼬하마橫濱
야마구찌山口
37
11
오까야마岡山
나고야名古屋
시즈오까靜岡
코오후甲府
후꾸오까福岡
타까마쯔高松
33
쯔津
사가佐賀
7
46
17
23
나라奈良
오오쯔大津
마쯔야마松山
40
44
와까야마和歌山
나가사끼長崎
30
5
20
토꾸시마德島
오오사까大阪
쿠마모또熊本
코오찌高知
카고시마鹿兒島
21
25
오오이따大分
18
미야자끼宮崎
나하那覇

1 아이찌현愛知縣	17 카가와현香川縣
2 아끼따현秋田縣	18 카고시마현鹿兒島縣
3 아오모리현青森縣	19 카나가와현神奈川縣
4 찌바현千葉縣	20 코오찌현高知縣
5 에히메현愛媛縣	21 쿠마모또현熊本縣
6 후꾸이현福井縣	22 쿄오또부京都府
7 후꾸오까현福岡縣	23 미에현三重縣
8 후꾸시마현福島縣	24 미야기현宮城縣
9 기후현岐阜縣	25 미야자끼현宮崎縣
10 굼마현群馬縣	26 나가노현長野縣
11 히로시마현廣島縣	27 나가사끼현長崎縣
12 홋까이도오北海道	28 나라현奈良縣
13 효오고현兵庫縣	29 니이가따현新潟縣
14 이바라끼현茨城縣	30 오오이따현大分縣
15 이시까와현石川縣	31 오까야마현岡山縣
16 이와떼현岩手縣	32 오끼나와현沖繩縣

33 오오사까부大阪府	
34 사가현佐賀縣	
35 사이따마현埼玉縣	
36 시가현滋賀縣	
37 시마네현島根縣	
38 시즈오까현靜岡縣	
39 토찌기현栃木縣	
40 토꾸시마현德島縣	
41 토오꾜오도東京都	
42 돗또리현鳥取縣	
43 토야마현富山縣	
44 와까야마현和歌山縣	
45 야마가따현山形縣	
46 야마구찌현山口縣	
47 야마나시현山梨縣	

32

죠오몬토기(왼쪽)와 야요이토기(오른쪽).
전방후원분의 모습을 띠고 있는 닌또꾸릉(仁德陵).

와까야마현 스다하찌만궁(宮)에서
발견된 방제경(倣製鏡, 오른쪽 위)과
무령왕릉의 지석(誌石, 오른쪽 아래).
방제경과 지석에는 모두 '斯麻'라는 인물이 등장한다.

아래는 중국 지린성(吉林省) 지안현(集安縣)
퉁꺼우(通溝)에 있는
광개토대왕비(1910년대 사진).

7년에 한 번씩 공개하는 본존불을 보기 위해
젱꼬오사(善光寺)로 몰려든 인파(위)와
본존불(아래).

실내불로서는 세계 최대 규모인
토오다이사의 대불(위)과
단일 목조건물로는 역시 세계 최대인
토오다이사의 대불전(아래).

고구려의 담징이 그렸다는
호오류우사의 금당 벽화(위)와
아스까 타까마쯔총의
서쪽 벽에 그려진 벽화(아래).

일본 국보 1호인 코오류우사(廣隆寺)의
미륵반가사유상(왼쪽)과
우리의 국보 83호인 금동미륵보살반가상(오른쪽).

일본의 불교를 중흥시킨 쇼오또꾸태자(聖德太子).

호오류우사의 서원(西院) 전경(위).
아래는 호오류우사에 있는 일본의 국보들.
왼쪽부터 백제관음상, 구세관음상, 타마무시즈시(玉蟲廚子).

에도바꾸후 시절 쿄오또의 경호 및 쇼오군의 숙소로 사용되던 니죠오성(二條城, 위)과 킹까꾸사(金閣寺)의 킹까꾸(아래).

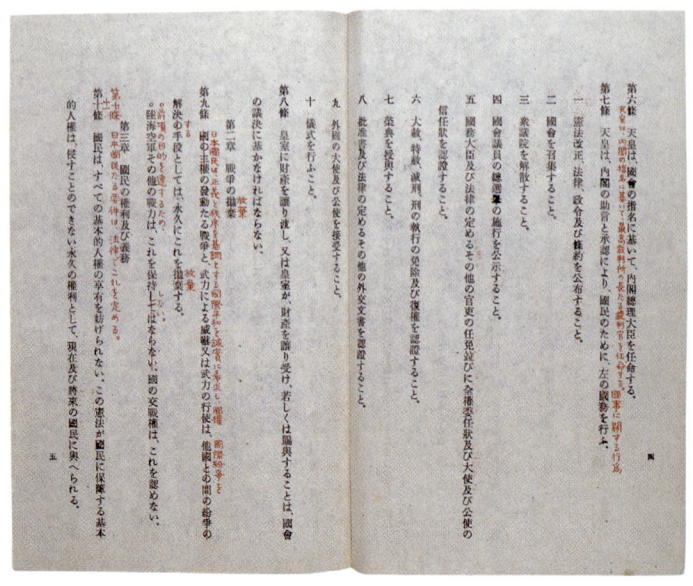

1946년 제정된 현재의 일본헌법(위)과
아마떼라스 오오미까미(天照大神)를 섬기는 이세신궁(伊勢神宮)의 정전(正殿, 아래).

백제는 일본의 기원인가

김현구 지음

창비

머리말

　전근대까지만 해도 우리는 일본과의 공식관계에 대한 필요
성을 전혀 느끼지 못했다. 그저 침략을 방지하기 위해 경계하던
변방의 나라일 뿐이었다. 그러나 근대화과정을 겪으면서 우리
는 기술과 자본 거의 모두를 일본에 의존했고, 지금도 대부분의
기술을 일본에서 도입하고 있다. 통계(2001)에 따르면 일본은
우리나라 제1위의 수입국이자 제3위의 수출국이다. 또 하루 1
만여명이 양국을 왕래하고 있을 정도이다. 적극적으로 관계를
모색하지 않으면 안될 중요한 나라가 되어버린 것이다.

　역사적으로 동아시아 전체가 뒤엉킨 싸움이 세 번 있었다.
백촌강싸움(663), 임진왜란(1592), 청일전쟁(1894)이 그것인데,
이 싸움 모두 한일관계에서 비롯되었다. 이는 동아시아의 평화
가 한일관계의 안정 위에 자리하고 있음을 시사하는 것이다. 이
런 면에서 한일관계가 긍정적인 방향으로 나아가는 것은 무척
중요하다. 그럼에도 불구하고 일본이 우리에게 '가깝고도 먼 나
라'가 된 데에는 두 가지 이유가 있다. 하나는 문화에 대한 오해

이고, 다른 하나는 왜곡된 역사인식이다.

　문화에 대한 오해는 상호교류가 빈번해지고 타문화를 접하게 되면 자연스럽게 해소되지만 왜곡된 역사인식은 그렇지 않다. 일본인들은 일본이 고대에 200여년 동안 한반도 남부를 지배했다고 배워왔다. 그 왜곡된 역사교육이 임진왜란이나 한일 강제합병의 역사적 근거가 되었음은 물론이다. 한국에서도 일본의 고대문화는 무엇이든 백제가 전해주었다거나 일본의 천황가는 백제에서 건너갔다는 식으로 가르쳤다. 그런 잘못된 역사교육이 일본에 대한 왜곡된 우월의식을 낳았고 이는 일본과의 관계를 오도(誤導)하기도 했다.

　2002년 월드컵의 한일공동개최를 계기로 양국간의 적대적인 감정이 급속히 해빙되고 있다. 그리고 안정적인 한일관계를 바탕으로 9월 17일에는 일본 수상 코이즈미 쥰이찌로오(小泉純一郎)가 평양을 방문하여 북한의 최고실력자 김정일(金正日)과 정상회담을 가짐으로써 한반도를 둘러싸고 평화무드가 확산되고 있다. 앞으로 우여곡절은 있겠지만 한일관계는 상호협력과 경쟁을 되풀이하면서 동아시아의 평화와 번영의 기본축으로서 역할을 해나가게 될 것이다.

　그러나 양국관계를 멀게 만든 근본원인 중 하나인 역사인식의 왜곡문제는 여전히 존재하고 있다. 따라서 이 문제를 호도하고 적당히 넘어간다면 한일관계가 난조에 빠질 때마다 이 문제가 다시 전면에 등장하게 될 것이다. 이렇게 볼 때, 한일관계가 절정을 맞고 있는 지금이야말로 왜곡된 역사인식을 청산하고 공통된 인식의 장을 마련할 절호의 기회라고 생각한다. 그래서 이 책을 썼다.

이 책에서는 한국인들이 궁금하게 생각하는 백제 왕실과 일본 황실의 관계, 한반도 사람들이 왜 일본에 건너가게 되었고, 그곳에서 무엇을 하고 무엇을 남겼으며, 그들이 왜 다시 백제에 와서 벼슬을 하게 되었는지, 일본이 한반도 남부를 200여년 동안이나 지배했다는 임나일본부설은 어떻게 생겨났는지, 김춘추는 왜 일본에 건너갔고, 백촌강싸움에 일본은 왜 2만 7천명이나 되는 대군을 백제에 보냈는지, 그리고 적대관계로 일관하던 신라와 일본은 어떻게 화해를 하게 되었는지 등에 대해 서술했다. 특히 말이 많은 일본 천황가가 백제에서 건너갔는지 여부에 대해서는 확실한 자료만을 가지고 썼음을 밝혀둔다.

아무리 좋은 목적을 가진 책이라도 이해하기 어렵다면 그 의미는 반감될 수밖에 없다. 가급적 독자들이 이해하기 쉽게 쓰려고 노력했다. 한편 단순한 사실의 나열만으로는 범람하는 기존의 관련서와 다르게 받아들여지지 않을 것이라는 우려도 들었다. 그래서 중요한 문제에 대해서는 학문적 연구성과를 바탕으로 한 논증의 형식을 취하기도 했다.

본문에 나오는 일본의 지명이나 인명을 원음에 가깝게 표기하려다보니, 기억하기도 어렵고 혼란스럽다는 지적을 받았다. 영어나 중국어는 그런대로 익숙해져 있는 데 반해 일본어의 표기가 그만큼 낯설다는 이야기이다. 한자를 우리식으로 발음하여 적고 괄호 안에 원음을 표기하는 것도 생각해보았다. 그러나 다소 낯설더라도 원음에 가깝게 표기하는 것이 원칙이자 추세이고, 자라나는 세대를 위해서도 그게 좋겠다는 출판사의 권유를 받아들였다. 단, 우리말로 굳어진 경우에나 내용의 전개상 필요한 부분에서는 우리식으로 발음하여 적었다.

필자는 당시 백제와 일본, 신라와 일본 사이에서 일어났던 사실들을 큰 틀 속에서 '있는 그대로' 서술하고자 했다. 이 책을 읽고 독자들의 속이 후련해지지 않을지는 모르겠으나, 한반도와 일본의 관계에 대해서는 비교적 사실에 가깝게 이해하는 계기가 될 것이라고 생각한다.

2002년 11월
김현구

1부

천상의 나라에서 일본열도로

백제 왕실과 일본 천황가의 인연

현해탄을 건너서

임나일본부설은 어떻게 생겨났나

백제에서 벼슬한 왜인들은 어떤 사람들이었나

아스까 산책

제1장

백제 왕실과 일본 천황가의 인연

임신한 부인을 도일하는 동생에게 주다

고구려 · 백제 · 신라 간의 싸움이 치열했던 6세기에 일본은 일방적으로 백제를 지원했다. 그 절정은 660년 백제가 멸망한 후 시작된 부흥운동에 대한 지원이다. 백제가 망했다는 소식을 접한 사이메이천황(齊明天皇, 재위 655~61)은 예순이 넘은 고령에도 불구하고 직접 북큐우슈우(北九州)로 내려가서 출병을 준비하다가 죽었다. 그러자 그 아들인 텐지천황(天智天皇, 재위 662~70)이 상복을 입은 채로 어머니의 뒤를 이어서 663년 400여 척의 배와 2만 7천여명의 구원군을 파견한다.

텐지천황 정권이 백제를 구원하려다 실패하고, 672년 진신(壬申)의 내란으로 붕괴된 사실은 너무나 유명하다(백촌강싸움에서 패배한 텐지천황이 죽고 아들인 오오또모황자大友皇子가 즉위하자 텐지천황의 동생 오오아마황자大海人皇子가 내란을 일으켜 오오또모황자를 축출하고 즉위한다). 그러나 정권이 붕괴되면서까지 텐지천황 모자(母子)가 백제를 지원한 이유는 지금까지도 베일에 싸여 있다. 고대에 지배자가 나라 안팎의 중요사항을 결정했던 것은 동서양을 막론하고 다를 바가 없다. 따라서 적지 않은 사람들은 일본 황실이 정당한 이유도 없이 정권의 운명을 걸고서까지 백제를 지원한 사실을 두고 일본 황실이 백제 왕실에서 연원했기 때문이 아닐까 하고 의심해본다. 그런 의심은 끝없는 상상의 날개를 달고서 백제 구원에 나섰던 사이메이천황이 백제 의자왕(義慈王, 재위 641~60)의 누이동생이었다고 하는 설로까지 발전한다. 사실 백제와 일본 황실 사이에는 적지 않은 관계가 있었다.

『일본서기(日本書紀)』(720년 완성) 461년 기록에는 대략 다음과 같은 내용이 보인다.

4월. 백제의 가수리군(加須利君, 개로왕)이 말하기를 "옛적에 여인을 바쳐 후궁(內裏, 천황의 거처)의 여관(女官)으로 삼았다. 그런데 무례하여 우리나라의 명예를 떨어뜨렸다. 지금부터 여인을 바치지 말라"라고 하였다. 그리고 동생 곤지(昆支)에게 "너는 일본으로 가서 천황을 섬겨라"라고 말하였다. 곤지가 대답하여 "상군(上君)의 명을 어길 수 없습니다. 원하건대 상군의 부인을 주시고 그런 후에 나를 보내주십시오"라고 말하였다. 가수리군은 임신한 부인을 곤지에게 주며 "내 임신한 부인은 이미 산달이 되었다. 만일 도중에 출산하면 부디 배에 태워서 속히 우리나라로 돌려보내도록 하여라"
라고 말하였다. 드디어 일본 조정으로 보냈다. 6월. 임신한
부인은 가수리군의 말대로 쯔꾸시(筑紫)의 카까라노시마(各
羅島)에서 출산하였다. 이에 그 아이의 이름을 시마끼시(島
君, 무령왕이 섬에서 태어났으므로 일본말로 섬을 뜻하는 시마斯麻
라는 이름을 붙였다는 것이다. 斯麻는 일본어로 '시마'라고 발음한
다)라고 하였다. 이를 무령왕이라 한다. 7월. 곤지가 일본의
수도에 들어왔다. 이미 다섯 아들이 있었다.

이 기록 속의 시마끼시가 후일 귀국하여 무령왕(武寧王, 재위
501~23)이 되었다. 또한 곤지의 다섯 아들 중의 둘째가 479년에
귀국하여 동성왕(東城王, 재위 479~501)으로 즉위한다. 과거 우
리나라에서는 개로왕(蓋鹵王, 재위 455~75)이 동생을 일본에 보
내면서 임신한 부인을 하사했다든지 하는 황당한 내용 때문에
무령왕이나 동성왕이 일본에서 귀국하여 즉위했다는 『일본서
기』의 내용을 믿으려고 하지 않았다.

동방예의지국을 자처하던 우리나라 사람들은 게따(げた)를
신고 훈도시(ふんどし)나 차고 다니던 일본인들에게 무슨 가문
이 있었겠는가 하곤 생각한다. 그러나 일본에야말로 전통있는
가문이 많다. 그중에서도 가장 전통있는 가문은 1천년 이상 조
정의 요직을 독점해온 후지와라(藤原)씨이다. 그 조상이 바로
나까또미노까마따리(中臣鎌足)로 645년 소가(蘇我)씨를 타도
하고 코오또꾸천황(孝德天皇, 재위 645~54)을 내세워 개신정치

1971년 발굴된 무령왕의 지석(誌石, 위)과 무령왕릉을 복원한 후의 널방[玄室, 아래]. 지석 앞면에는 백제 사마왕(斯麻王, 무령왕)이 523년 62세에 죽어 묘에 안장하며 매지(買地)문서를 작성한다는 내용이 음각으로 새겨져 있다.

(改新政治)를 시작한 공로로 후지와라라는 성(姓)을 하사받은 사람이다.

후지와라씨는 645년 정변 이래 1868년 메이지유신(明治維新)이 일어날 때까지 일본 최고의 명문귀족으로 1천여년간 조정을 장악한다. 그런데 나까또미노까마따리의 큰아들 테이에(定惠)는 당시의 코오또꾸천황이 임신한 부인을 총신(寵臣)인 까마따리에게 하사해서 낳은 아들이고, 까마따리의 또다른 아들로 후지와라씨의 권력을 확립한 후히또(不比等)도 텐지천황이 임신한 부인을 총신 까마따리에게 하사해서 낳은 아들이라는 설이 파다하다.

당시 한국과 일본에는 임신한 부인을 총신에게 하사하는 풍습이 있었던 것이다. 따라서 개로왕이 임신한 부인을 동생 곤지에게 하사했다는 기록도 못 믿을 이유가 없다. 더구나 1971년 발굴된 무령왕릉 지석(誌石)에는 무령왕의 이름이 『일본서기』와 완전히 일치하는 '사마(斯麻)'로 되어 있다. 그래서 오늘날에는 개로왕이 임신한 부인을 도일하는 동생 곤지에게 하사해서 태어난 아들이 무령왕이라는 이야기나 동성왕과 무령왕이 일본에서 귀국하여 즉위했다는 사실은 점차 설득력을 얻고 있다.

왕녀들의 도일

사실 일본에서 귀국하여 즉위한 백제의 왕들은 동성왕이나 무령왕 이외에도 얼마든지 있다. 397년 태자의 신분으로 파견되었다가 405년에 귀국하여 즉위한 전지왕(腆支王, 재위

405~20)을 필두로 554년 관산성(管山城)싸움에서 성왕(聖王, 재위 523~54)이 전사하자 다음해에 원군을 청하기 위해서 도일하였다가 등극한 혜왕(惠王, 재위 598~99), 7세기 중반에 도일하였다가 백제가 멸망하자 귀국하여 부흥운동을 전개한 풍장(豊璋) 등이 있다. 즉위는 못했지만 7세기 초의 아좌태자(阿佐太子), 7세기 중반의 교기(翹岐)·한성(寒城)·충승(忠勝) 등의 왕자들도 장기간 도일하여 일본에 머문 사실이 있다. 그리고 백제부흥운동이 실패로 끝난 뒤에도 왕자 선광(善光)이 일본에서 백제왕(百濟王)씨로서 이름을 떨쳤다.

그런데 백제와 일본 왕실이 밀접한 관계를 맺은 것은 고구려의 공격으로 수도 한성(漢城)이 함락당하고 개로왕이 전사하는 등 고구려의 압력을 받던 5세기 후반부터이다. 396년 고구려의 침략으로 곤욕을 치르고 난 백제는 다음해 왕자 전지(腆支, 『일본서기』에는 직지直支로 표기)를 일본에 파견하여 우호관계를 추진한다. 397년에 도일했던 전지왕은 아신왕(阿莘王, 재위 392~405, 『일본서기』에는 아화왕阿花王으로 표기)이 죽자 8년 만에 귀국하여 즉위했다.

『삼국사기(三國史記)』에는 그가 귀국하여 즉위하는 모습이 자세히 기록되어 있다.

아신왕이 죽자 왕의 다음동생인 훈해(訓解)가 섭정(攝政)이 되어 태자 전지(腆支)가 환국하기를 기다리는데 막내 동생인 설례(碟禮)가 훈해를 죽이고 스스로 왕이 되었다. 전지가 일본에서 부왕(父王)이 죽은 소식을 듣고 울면서 귀국을 청하자 왜왕이 병사 백명으로 위송(衛送)하였다. 국경에 이르렀을 때 한성인(漢城人) 해충(解忠)이 와서 "대왕이 돌아가시자 설례가 형을 죽이고 스스로 왕이 되었으니 원하건대 태자께서는 경솔히 들어가지 마십시오"라고 고했다. 전지는 왜인에게 자기를 보호하게 하고 섬에서 기다렸더니, 나라 사람들이 설례를 죽이고 전지를 맞아서 위(位)에 오르게 했다.

일본에서 귀국하여 등극한 뒤인 428년에 전지왕은 자신의 누이동생 신제도원(新齊都媛)을 파견하여 일본 천황을 섬기게 했다. 그러나 개로왕 때에는 거꾸로 일본의 요청으로 왕녀 적계여랑(適稽女郎)을 보냈다. 그리고 도일한 시기는 정확히 알 수 없으나 461년 백제 왕녀 지진원(池津媛)을 천황이 부르려 했는데 그녀가 이시까와노따떼(石川楯)와 음란한 짓을 하여 처형된 사건이 일어난다. 그런데 『일본서기』 461년 기록에는 지진원이 이시까와노따떼와 음란한 짓을 하다가 처형되어 나라의 명예를 실추시켜 왕녀를 파견하는 관행을 바꾸어 남자 왕족인 곤지를 파견한 것으로 되어 있다. 따라서 일본에서 체류하고 돌아온 전지왕이 누이동생 신제도원을 보내기 시작하면서 적계여랑·지진원 등 백제 왕녀들을 잇따라 보냈던 것으로 보인다. 그리고 개로왕이 461년 동생인 곤지를 파견하면서 "옛적에 여인을 바쳐 후궁의 여관으로 삼았다"라고 말한 점으로 보아도 신제도원을 보내면서부터 왕녀를 파견하는 관행이 생겼던 것이 아닌가 싶다.

신제도원·적계여랑·지진원 등은 일본에서 결혼하여 일생을
마쳤을 것으로 짐작된다. 그런데 그들을 파견한 목적이 한결같
이 천황을 섬기기 위한 것이고 그들이 모두 백제 왕녀의 신분이
었던 점으로 보아서 결혼상대는 황족(皇族) 내지는 천황이었을
것이다. 결혼상대가 황족이나 천황이었음은 "옛적에 여인을
바쳐 후궁(천황의 거처)의 여관으로 삼았다"는 개로왕의 말로
도 짐작할 수 있다. 당시 그들은 선진국에서 건너간 최고신분
의 여인들이었기 때문이다.

그들의 결혼상대가 범상한 사람이 아니었다는 사실은 천황
이 지진원을 취하려 했다는 이야기나 그에 대한 형(刑)의 집행
자가 당시 최고의 실력자라고 할 수 있는 오오또모노무로야노
오오무라지(大伴室屋大連)였다는 사실로도 알 수 있다. 그러나
유감스럽게도 그들의 도일을 전하는 『일본서기』에는 일본 황실
의 순수성을 강조하는 후일의 사상이 투영되어 그들의 혼인관
계가 전혀 보이지 않는다. 일본 황실에 백제 왕실의 피가 섞여
있다는 사실을 밝히고 싶지 않았던 것이다. 그들이야말로 혼인
을 통해서 양 왕실간에 가교역할을 한 최초의 여인들이었던 셈
이다.

왕녀에서 왕족으로

461년 개로왕이 남자 왕족으로는 처음으로 곤지를 파견한
뒤, 시기는 알 수 없지만 의다랑(意多郞)을 파견한다. 그런데

의다랑이 501년 일본에서 죽자 504년에는 또 마나군(麻那君)을 파견한다. 그러나 마나군이 왕족이 아니었다는 이유로 505년에는 사아군(斯我君)을 보낸다. 이렇게 해서 왕족들이 파견되는 관행이 시작되었다.

일본은 660년 백제가 멸망하자 백제부흥운동을 이끌던 복신(福信)의 요청으로 631년부터 일본에 머물던 왕자 풍장(豊璋)을 귀국시킨다. 그런데 『일본서기』에는 이미 부인이 있었을 것으로 추정되는 풍장을 귀국시키면서 새삼스럽게 일본 여인과 성대하게 결혼식을 올리게 하는 기록이 보인다. 따라서 일본은 백제 왕족들을 귀국시키면서 일본의 황녀들과 결혼시켰던 것이 아닌가 생각한다.

461년 일본에 건너간 곤지는 다섯 아들을 두었다. 그 둘째아들이 귀국하여 동성왕으로 즉위하는 과정이 『일본서기』 479년 기록에 자세히 나와 있다. "백제의 문근왕(文斤王, 재위 477~79, 『삼국사기』에는 삼근왕三斤王으로 표기)이 죽었다. 천황이 곤지의 다섯 아들 중에서 둘째아들 말다왕(未多王, 『삼국사기』에는 동성왕東城王으로 표기)이 젊고 총명하므로 궁중으로 불렀다. 친히 어루만지면서 은근히 타일러 백제의 왕으로 삼았다. 무기를 내리고 아울러 쓰꾸시(筑紫, 지금의 후꾸오까福岡)국의 군사 500명을 보내어 백제까지 호송케 했다. 이이가 동성왕이다." 그런데 동성왕이 즉위를 앞두고 귀국하는 것으로 보아 그 역시 일본에서 결혼했을 것으로 추측해볼 수 있다. 동성왕이 일본에서 결혼하였다면 그 대상이 황녀였을 것이라는 사실도 추측하기 어렵지 않다.

『일본서기』 461년 기록에 의하면 무령왕은 개로왕이 임신한 부인을 동생 곤지에게 하사해서 태어난 개로왕의 아들이다. 그런데 무령왕의 즉위과정을 전하는 501년의 기록에 인용된 백제의 역사서 『백제신찬(百濟新撰)』에는 무령왕이 곤지의 아들로 동성왕과는 배다른 형제로 되어 있다. 한편 『삼국사기』에는 동성왕의 둘째아들로 되어 있다. 무령왕이 곤지의 아들로 취급되었다면 그가 개로왕의 아들이라는 『일본서기』의 이야기와 곤지의 아들로 동성왕과 배다른 형제라는 『백제신찬』의 이야기는 서로 모순되지 않는다.

무령왕이 도일하다가 태어난 것이 사실이라면, 501년의 즉위는 마흔이 넘어서 이루어진 셈이다. 그러나 한국과 일본의 사서(史書)에는 그의 귀국과정이나 즉위하기까지의 행적이 전혀 보이지 않는다.

50대 캄무천황(桓武天皇, 재위 781~806)의 어머니 타까노노니이까사(高野新笠)가 사실은 무령왕의 아들인 순타태자(淳陀太子)의 자손이라는 내용이 『속일본기(續日本記)』(797년 완성)에 보인다. 그러나 순타태자에 대해서는 도일하는 내용은 보이지 않고 죽는 내용만 『일본서기』 513년 기록에 보인다. 그렇다면 순타태자는 일본에서 태어났다는 이야기이다. 순타태자가 일본에서 태어났다면 그는 무령왕이 귀국하기 전에 일본에서 얻은 아들이며, 무령왕도 일본에서 결혼한 셈이 된다. 1971년에 발굴된 무령왕릉의 관목(棺木)이 일본에서만 나는 금송(金

松)으로 만들어졌다는 사실도 시사하는 바가 크다.

곤지의 뒤를 이어서 도일했던 의다랑·마나군·사아군에 대해서는 알려진 바가 거의 없다. 그러나 의다랑은 일본에서 죽었고, 사아군의 아들이 일본의 야마또노끼미(倭君)의 조상이 되었으며 마나군은 20여년간 머물다가 귀국한다. 따라서 그들도 일본에서 결혼했을 것으로 추측된다. 물론 그 상대는 황녀였을 가능성이 크다. 그들은 당시 일본인들이 이상향으로 삼던 선진국(백제)으로 돌아갈 최고 신분의 인물들이었기 때문이다. 그리고 동성왕을 필두로 한 곤지의 다섯 아들도 대부분 일본에서 결혼했을 가능성이 크다.

처음에는 백제의 왕녀들이 도일하여 일본 황실에 백제 왕실의 피가 유입되기 시작했다. 그리고 왕녀들을 대신해서 도일했던 왕자들이 일본의 황녀들과 결혼하고 귀국하여 즉위함으로써 백제 왕실에도 일본 황실의 피가 들어오기 시작한 것이다.

동성왕과 무령왕은 수십년간 일본에서 머물렀고 일본의 황녀를 부인으로 맞았을 것으로 추측된다. 그리고 현 일본 천황가의 시조로 보는 26대 케이따이천황(繼體天皇, 재위 507~31)은 시기적으로 보아 동성왕 등 곤지의 다섯 아들이나 무령왕과 함께 생활했을 가능성이 크다. 따라서 함께 성장하고 혈연적 관계가 있는 인물들이 양국에서 즉위함에 따라 6세기에 양국은 서로 협력하지 않을 수 없는 관계였을 것이다.

고대 일본의 유력한 씨족이었던 카쯔라기노소쯔히꼬(葛城襲津彦)나 소가(蘇我)씨는 백제와 뗄 수 없는 관계가 아닐까 생각된다. 리쮸우천황(履中天皇, 재위 400~05)·한제이천황(反正天皇, 재위 406~10)·잉교오천황(允恭天皇, 재위 412~53)은 카쯔라기노소쯔히꼬의 외손이며, 요오메이천황(用明天皇, 재위 586~87)·스슌천황(崇峻天皇, 재위 588~92)·스이꼬천황(推古天皇, 재위 593~628)은 소가씨의 외손이다. 따라서 카쯔라기노소쯔히꼬나 소가씨가 백제계였다면 그 외손들이 천황으로 활약했다는 사실도 양국관계에서 간과할 수 없는 일이었을 것이다.

왕녀와 왕족 파견의 효시라고 할 수 있는 왕자 전지(腆支)의 파견(397)은 백제가 고구려의 침략(396)으로 곤욕을 치른 정세와 무관하지 않다. 그러나 전지 이후의 왕녀나 왕족의 파견을 전후해서 백제가 직접 다른 나라의 압력을 받은 일은 없었다. 그리고 그들은 모두 장기간 일본에 체재했다. 따라서 그들의 파견은 단기간에 어떤 목적을 이루기 위해서라기보다는 백제가 고구려나 신라와 대립하면서 장기적으로 일본과 관계를 강화하려는 포석이라고 생각할 수 있다. 혈연관계를 맺으면서 함께 자란 무령왕(재위 501~23)과 케이따이천황(재위 507~31)이 거의 같은 시기에 등극함으로써 양국의 협력관계는 절정에 달한다.

시마가 남제왕의 장수를 염원해서

사실 우리나라에는 일본 천황가가 백제에서 건너간 후손이 아닐까 하는 막연한 생각이 퍼져 있다. 그래서 백제가 멸망했을 때 구원병을 보냈던 사이메이천황이 의자왕의 누이동생이라는 드라마가 인기리에 방영되기도 했다. 그런데 최근 일본 천황 아끼히또(明仁)가 캄무천황의 어머니가 백제계라는 사실을 공언하면서 일본 천황가의 부계(父系)도 백제계가 아닐까 하는 생각이 확산되자 한 텔레비전 방송에서 그에 대한 다큐멘터리를 방영했다.

이 프로그램은 고대 일본의 씨족 계보서인 『신찬성씨록(新撰姓氏錄)』의 "대원진인(大原眞人) (…) 민달손백제왕(敏達孫百濟王)"이라는 구절을 가지고 비다쯔천황(敏達天皇, 재위 572~85)이 백제왕의 할아버지이므로 "비다쯔천황은 백제인이고, 비다쯔천황이 백제인이기 때문에 그 조상이나 후예인 일본 천황들도 백제인"이라는 주장을 추적하는 형태를 띠었다. 먼저 "대원진인 (…) 민달손백제왕"이라는 『신찬성씨록』의 원본을 확인하기 위해 취재진이 일본의 저명한 고대사학자인 우에다 마사아끼(上田正昭)씨를 찾았다.

취재진은 그가 소유한 필사본에서 문구를 확인한 다음, 해석을 요청했다. 우에다씨는 취재진의 기대와 달리 "대원진인의 선조는 백제왕이라고 씌어 있습니다"라고만 말해 "민달손백제왕" 부분에 대해서는 즉답을 피했다. 이에 취재진이 되묻자 "대원진인의 출신은 비다쯔천황의 손자인 백제왕이라고 씌어 있"다고 어쩔 수 없이 대답했다. 취재진이 다시 "그렇게 되면 이 사람은 비다쯔의 손자가 되지 않습니까"라고 되물으면서 백제왕이 비다쯔천황의 손자이므로 비다쯔는 백제인이 아니냐는 식으로 다시 채근을 했다. 그러자 난처한 표정을 지으며 우에다씨가 할 수 없이 "일본 황실에 캄무천황의 어머니처럼 백제계의 혈연이 있는 것은 확실합니다. 하지만 그렇기 때문에 천황의 선조가 백제인이라고는 직결시킬 수 없습니다. 천황가의 선조가 백제인이라고 단순히 이야기할 수는 없습니다"라고 말했다.

거기서 취재진은 비다쯔천황이 백제인이라고 결론짓고 그 증거로 『일본서기』의 "비다쯔천황이 쿠다라노오오이(百濟大井)에 궁(宮)을 세웠다"는 기사를 제시하면서 "백제인 천황이 백제궁을 짓는 것은 당연하다"고 결론을 내렸다.

허나 백제왕이 비다쯔의 손자라면 '일본에서 건너온 백제왕'의 자손인 백제왕들이 일본 천황의 자손이라는 말은 되지만 손자를 두고 할아버지가 도일했다고 생각되지 않으므로 천황가가 백제인이라는 논리는 성립되지 않는다. 사실 여부를 떠나 이 문면(文面)만으로는 천황가가 백제인이라는 결론을 끌어낼 수 없는 것이다. 오히려 반대이다. 더욱 우려스러운 점은 이 프로그램을 본 시청자들이 '천황가는 백제인들이었던 모양'이라고 받아들이는 것이다. 우에다씨가 난처한 표정을 지은 것도 무리가 아니었다. 실제 기록과 반대되는 대답을 들으려 했으니 말이다.

만약 백제계의 일본 천황이 있었다면 그 가능성이 가장 높은 인물은 천황가의 계보상 26대인 케이따이천황(재위 507~31)이다. 125대로 되어 있는 현 천황가의 개조(開祖)인 케이따이천황은 동성왕(재위 479~500)이나 무령왕(재위 501~22)과 함께 성장하였을 뿐만 아니라 동성왕이나 무령왕의 동생일 가능성을 배제할 수 없기 때문이다.

와까야마현(和歌山縣) 스따하찌만궁(隅田八幡宮)에서 발견

와까야마현 스따하찌만궁에
서 발견된 방제경. 기미년에
시마가 남제왕의 장수를 염
원해서 이 거울을 만들게 했
다는 명문이 외곽을 따라 새
겨져 있다.

된 방제경(倣製鏡, 한대漢代의 한경漢鏡을 본뜬 거울)에는 "기미
년에 시마(斯麻)가 남제왕(男弟王)의 장수를 염원해서 이 거울
을 만들게 했다"는 요지의 명문이 있다. 거울을 만들게 했다는
기미년을 443년으로 보는 설과 503년으로 보는 설이 있다. 그런
데 시마는 무령왕의 이름과 일치한다. 따라서 거울이 만들어진
기미년이 503년이라면 거울을 만들게 한 인물은 무령왕일 가능
성이 크다. 503년은 그의 재위중에 해당하기 때문이다. 그리고
거울을 만들게 한 사람이 무령왕이라면 거울을 받은 사람은 무
령왕의 남제왕, 즉 남동생인 왕이라는 의미가 된다.

503년 당시 일본의 천황은 부레쯔천황(武烈天皇, 재위
498~506)이다. 그리고 『일본서기』에는 케이따이천황이 507년에
등극한 것으로 되어 있다. 그러나 케이따이천황의 재위 연대에
는 대체로 3년의 오차가 있다는 것이 학계의 정설이다. 따라서

거울을 만들게 한 503년이 케이따이천황 재위중이 아니라고 단정하기도 어렵다. 3년의 오차를 인정한다면 504년부터 재위한 것이지만, 그는 503년에 등극했고 그 해는 거울을 만들게 했다는 503년과 일치하기 때문이다. 거울을 만들게 한 기미년에 케이따이천황이 일본의 천황이었다면 무령왕의 남제왕은 그가 된다. 게다가 케이따이천황의 본명인 '오오도(男大迹)'가 남제왕(男弟王)의 '오또(男弟)'라는 발음과 닮아 있다. 그렇다면 스따하찌만궁에서 발견된 거울은 무령왕이 새로 등극하는 동생의 장수를 염원해서 만들게 했다는 이야기가 된다.

케이따이천황은 천황가의 계보에는 26대로 되어 있지만 앞 왕조가 끝나고 새로운 왕조를 연 인물로 현 천황가의 개조(開祖)로 알려져 있다. 그리고 무령왕은 461년 도일하다가 섬에서 태어났다. 섬에서 태어났다고 해서 이름을 일본말로 섬을 뜻하는 시마(斯麻)로 지었다는 것이다. 만약 무령왕이 도일하다 태어났다면 뒤이어서 동생이 태어나지 말라는 법도 없다. 그리고 동생이 태어났다면 그는 무령왕에게는 남제왕이 되고, 일본의 앞 황통과는 무관하게 황위를 이어받은 케이따이천황이 되는 것이다. 그렇다면 무령왕이 새로운 왕조를 열고 등극하는 케이따이천황, 즉 남제왕의 장수를 염원해서 거울을 만들었다는 설은 어느정도 설득력을 갖는다.

케이따이천황 이전에도 15대 오오진천황(應神天皇, 재위 4세기 말~5세기 전반)을 비롯해 한반도와 관계가 깊다고 여겨지는 천황들이 없는 것은 아니다. 그러나 이에 대해서는 고고학적인 방증(傍證)만 있을 뿐 확실한 자료는 없다. 설령 관계가 있다 하더라도 현 천황가는 26대 케이따이천황에서 시작되기 때문에 현 천황가가 백제에서 건너가지 않았을까 하는 의구심과는 별 개의 문제다. 그리고 시기적으로나 당시의 정세로 보아서 케이 따이천황 이후에는 백제 사람이 건너가서 천황이 된다든지 하 는 일은 있을 수가 없었다.

군사원조를 받고 선진문물을 제공하고

백제에서 동성왕(재위 479~500)과 무령왕(재위 501~22)이 등 장하고 일본에서는 그들과 같이 성장했다고 여겨지는 케이따이 천황(재위 507~31)이 재위에 오르면서부터 양국관계는 급속히 가까워진다.

당시 한반도에서는 고구려·백제·신라가 서로 자국 주도의 통일을 이루기 위해서 이전투구(泥田鬪狗)를 되풀이하고 있었 다. 따라서 삼국은 모두 일본에 대해서 군사원조를 요청하거나 적어도 상대국에게 군사원조를 제공하지 못하도록 저지하기 위 해서 노력하였다. 그러므로 삼국 중에서 어느 나라를 파트너로 삼을 것인가 하는 캐스팅 보트는 일본이 쥐고 있었다.

한편 고대국가로 발전해가던 일본은 선진문물을 한반도에서 도입하고 있었다. 그렇기 때문에 한반도와 관계를 맺을 때에는 선진문물을 도입하는 문제가 최대의 관심거리였다. 당시 중국 은 남북조시대(南北朝時代)로 남조(南朝)가 문화의 중심을 이 루고 있었다. 그런데 지리적인 관계로 삼국 중에서 남조와 가장 빈번하게 교류를 하던 나라는 백제였다. 따라서 일본으로서는 백제와 손을 잡는 것이 국익에 보탬이 되었던 것이다.

『삼국사기』백제본기(百濟本記) 성왕 19년(541)조에는 "왕이 사신을 양(梁)에 보내서 조공을 하고, 겸하여 표(表)로서 모시박사(毛詩博士) 열반등경의(涅槃等經義)와 공장(工匠) 화사(畵師) 등을 청하였다"라고 되어 있다. 그 직후인 542년에서 554년까지 백제는 오경박사(五經博士)와 불경·공장 등을 일본에 보내고 있다. 백제는 남조에서 수입한 최신 선진문물을 일본에 제공함으로써 은근히 일본을 유혹하였던 것이다.

백제는 고구려·임나(任那, 가야지역)와 분쟁을 일으키던 510년대에는 오경박사 단양이(段楊爾)와 고안무(高安茂) 등을 보냈다. 신라가 금관가야를 정복하려는 것을 저지하려고 노력하던 532년을 전후해서는 오경박사 마정안(馬丁安)과 토산물을 보냈다. 또한 임나지역을 둘러싸고 신라와 다투던 540년대에는 학자 문휴마나(汶休麻那)와 동남아시아에서 얻은 재보(財寶) 등을 보냈고, 고구려와 싸우던 550년대 초에는 학자 동성자언(東城子言)과 유교와 불교에 관한 서적, 불상 등을 보냈다. 그리고 관산성(管山城)에서 신라와 사투를 벌이던 554년을 전후해서는 오경박사 유귀(柳貴)를 비롯해 역박사(曆博士)·의박사(醫博士)·채약사(採藥師)·악인(樂人) 등의 전문가들과 불상 등 불교 관련의 물건을 보내면서 구원을 청했다.

백제의 요청에 일본은 '말 40필과 배 500척, 오오또모노사데히꼬(大伴狹手彦)가 이끄는 군대, 카시하데노하스히(膳臣巴提

便)의 군대와 양마(良馬) 70필·배 11척, 축성인부 370명과 보리 1천석과 화살 등, 그리고 병사 1천명과 말 100필·배 40척·화살·활' 등을 다섯 번에 걸쳐 제공했다.

당시 백제는 일본에 필요한 선진문물을 제공하고, 일본은 백제에 필요한 군사원조를 제공하는 특수한 용병관계였음을 알수 있다. 이런 용병관계는 기본적으로 당시 동아시아의 정세에서 비롯되었다. 그러나 왕의 역할이 절대적이던 당시로서는 용병관계의 이전 단계에서 이루어진 양국 왕실간의 오랜 혼인관계를 무시할 수 없을 것이다. 또한 오랜 인적 교류가 있었기 때문에 양국은 단지 용병관계로만 설명할 수 없는 관계로까지 발전할 수 있었던 것이다.

2002년 월드컵의 한일공동개최를 앞두고 현 천황 아끼히또의 발언으로 양국간에는 우호적인 분위기가 형성되었다. 그런 분위기에서 개최된 씸포지엄에서 백제 왕실과 일본 왕실의 관계에 대해서 발표하게 되었다. 이런 분위기라면 언젠가는 일본 천황이 한국을 방문할 날이 올 것이라는 생각에서 그 정지작업의 일환으로 이루어진 씸포지엄이었다.

그 씸포지엄에서 나는 "왕자 전지(腆支, 직지直支)의 파견은 『삼국사기』에는 백제가 아쉬운 입장에서 보낸 듯이 보이는 '인질(人質)'로 되어 있지만 사실은 백제가 고구려나 신라와 대립하면서 장기적으로 일본과 관계를 강화하려는 포석으로 보낸 것"이라는 요지의 발표를 했다. 그러자 "당시 일본은 백제에 종속되어 있었는데 어째서 백제와 일본이 대등한 관계였다고 하느냐'라는 어처구니없는 질문이 나왔다. 『삼국사기』(아신왕 6년 5월조 기록)에도 "백제가 왕자 전지를 왜국(倭國)에 인질로 보냈다"고 되어 있는 것을 내가 '대등한 관계'라고 말하자 나온 질문으로 할 말이 없었다. 그래서 "당시 일본이 백제에 종속되어 있었다는 구체적인 증거를 제시하면 답변을 하겠다"고 했더니 질문을 취소하였다. 이제는 백제가 일본에 많은 선진문물을 전해주었다는 사실만을 가지고 막연하게 일본이 백제에 종속되었다는 생각을 갖기보다는 어떤 관계와 목적에서 백제가 일본에 선진문물을 전해주었고 왕녀와 왕족들이 도일했는지를 연구해야 할 때가 되었다.

제2장

현해탄을 건너서

일본인들은 어디서 건너갔는가

일본열도는 바다로 둘러싸여 있고 가장 가까운 대륙이 한반도이다. 그렇기 때문에 일본열도에 살고 있는 대부분의 사람들이 한반도를 통해서 들어갔다고 생각할 수 있다. 오늘날에도 하루 1만여명의 사람들이 한반도와 일본열도를 왕래하고 있다.

그러나 오늘날에도 전신에 털이 난 아이누인들이 홋까이도오(北海道)를 중심으로 살고 있다. 지금은 그 수가 현격히 줄어들어서 관광지의 구경거리가 되고 있지만 옛날에는 적지 않은 숫자였다. 큐우슈우(九州) 남부를 중심으로 살고 있는 체격이 작고 피부가 까무잡잡하면서도 윤기가 나는 폴리네시안 계통의 사람들은 지금도 그 숫자가 적지 않다. 그들은 한눈에 보아도 보통 일본 사람들이나 한반도 사람들과는 전혀 다르다. 시베리아나 동남아시아를 통해서도 많은 사람들이 들어갔다는 얘기다.

많은 사람들은 교통이 발달하지 않은 옛날에 어떻게 시베리아나 동남아시아에서 사람들이 일본열도로 들어갈 수 있었을까 하는 의구심을 가지고 있다. 그래서 그들은 일본 사람들이 한반도를 통해서 유입되었다고 믿고 있다. 그러나 가락국(駕洛國) 시조인 김수로왕(金首露王)의 비(妃) 허황후(許皇后)가 인도의 아유타국(阿踰陀國)에서 왔다는 설화나 신라의 4대 왕 석탈해(昔脫解)가 바다를 표류해서 신라에 도착했다는 설화가 점차 힘을 얻어가고 있다. 과거에는 당시의 교통수단으로 보아서 턱없는 일로 여겨졌지만 근래에는 해류의 흐름 등을 살펴볼 때 불가능한 일도 아니라는 생각이 우세해지고 있다.

좀 다른 이야기이지만 나는 원래 일본사가 아니라 지금은 일본의 오끼나와현(沖繩縣)이 되어버린 옛 류우뀨우국(琉球國)에 대해서 공부를 하려고 했었다. 류우뀨우는 인간이 살고 있는 섬 중에서 가장 깨끗한 바다가 있는 곳으로 알려져 있다. 우리나라와는 고려 말부터 교류를 시작하여 동아시아의 중계무역지로서 중국·조선·일본을 연결하는 중요한 역할을 하고 있었기 때문이다. 그러나 당시에는 국내에서 류우뀨우국에 대한 자료를 구하기 어려웠고 그렇다고 외국에 나가서 공부를 할 수 있는 여건도 아니어서 류우뀨우국에 대한 연구를 포기할 수밖에 없었다. 그래서 언제나 가슴속에 한가닥 아쉬움이 남아 있었고 언젠가 꼭 한번 가보고 싶다는 생각을 품고 있었다.

지금의 카고시마현(鹿兒島縣)인 사쯔마번(薩摩藩)의 시마즈(島津)씨가 대군을 동원하여 류우뀨우국을 정복한 것이 1609년이다. 일본은 류우뀨우국의 왕국체제는 온존시키면서 무역의 이익만을 취하다가 메이지유신(明治維新) 후인 1879년 강제로 오끼나와현으로 만들어버렸다. 그러나 나는 일본이 류우뀨우국을 정복한 자료를 직접 본 적이 없었으므로 1609년에 류우뀨우국을 정복했다는 이야기는 1879년 류우뀨우국을 병합한 사실을 역사적으로 합리화하기 위한 것이라고 믿었다. 당시의 교통수단으로 수백킬로미터나 떨어져 있는 류우뀨우국을 정벌할 수 있었을까 하는 의구심이 항상 머릿속을 맴돌고 있었던 것이다.

1997년 우연히 오끼나와에 가볼 기회가 생겼다. 오끼나와 여행을 앞두고 옛날 사람들이 남긴 기행문이 없을까 하고 찾아보다가 『부상륙기(浮上六記)』라는 책을 찾게 되었다. 『부상륙기』는 심복(沈復)이라는 사람이 19세기 초 청(淸)나라 사신으로 파견된 친구를 따라 류우뀨우국에 다녀와서 당시 계절풍을 이용해 그곳까지 갔다가 돌아오는 과정을 자세히 기록한 기행문이다. 그 책에는 옛날 사람들이 계절풍을 이용해 섬과 섬 사이를 건너면서 먼바다를 자유자재로 여행하던 방법이 잘 기술되어 있다. 2백여년 전의 기행문을 읽으면서 1609년 일본이 류우뀨우국을 정벌할 때도 계절풍을 이용했을 것이라는 생각을 하게 되었다.

오랫동안 대망하던 오끼나와 여행인지라 토오꾜오(東京)에서 비행기를 타면서부터 가슴이 설레는 것이 마치 초등학생이 소풍을 가는 기분이었다. 흥분을 억누르면서 창밖을 내다보니 푸른 바다가 한없이 펼쳐져 있는 가운데 섬들이 중간중간 끊임

없이 늘어서 있었다. 창밖을 내려다보고 있는 동안 당장 뛰어내려 섬들을 디딤돌 삼아 뚜벅뚜벅 걸어가고 싶은 충동이 일었다. 그리고 섬들을 디딤돌 삼는다면 오끼나와까지도 충분히 갈 수 있을 것 같았다. 심복의 『부상류기』에 씌어져 있는 대로 계절풍을 이용한다면 일본의 원정군이 이 섬에서 저 섬으로, 저 섬에서 그 다음 섬으로 건너가면서 오끼나와까지 가는 것도 그리 어려운 일은 아니었을 것이라는 확신이 섰다.

현재 일본열도에는 한반도뿐만 아니라 동남아시아나 시베리아 등을 통해서 유입된 사람들도 적지 않다. 그것은 당시의 교통수단으로도 불가능한 일이 아니었던 것이다. 그럼에도 불구하고 한국에서는 일본 사람들이 대부분 한반도를 통해서 들어간 것으로 단정짓고 있다. 더욱 잘못된 일은 일본 사람들이 대부분 한반도를 통해서 건너갔다는 생각은 하면서도 그들이 왜 언제 얼마나 건너갔는지에 대해서는 전혀 관심이 없고 알지도 못한다는 사실이다.

타성은 열에 한둘밖에 안된다

한반도에서 얼마나 많은 사람들이 일본열도로 건너갔는지는 알 길이 없다. 720년에 편찬된 『일본서기(日本書紀)』의 409년 기록에는 야마또(大和, 지금의 나라현奈良縣지역)의 야마또노아야(東漢)씨의 조상인 아지사주(阿知使主)와 그 아들 도가사주(都加使主)가 17현의 사람들을 데리고 건너가서 타께찌군(高市郡, 나라현의 중부지역)을 중심으로 발전한 것으로 되어 있다.

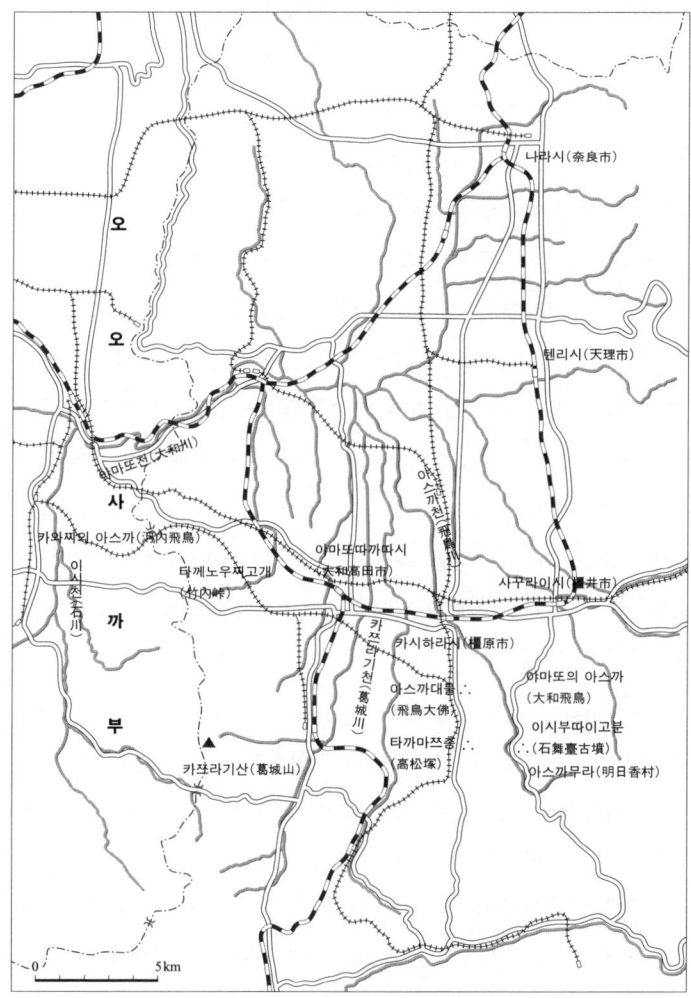

나라현과 오오사까부에 걸쳐 있는 아스까의 지도.

그들은 중국의 한족(漢族)으로 대방(帶方)에서 건너갔다고 되어 있으나 실제로는 가야를 거쳐서 건너간 백제 사람들이라는 것이 정설이다. 782년 아지사주의 자손인 사까노오에노까리따마로(坂上刈田麻呂)가 주장한 바에 의하면 타께찌군 사람 중에서 타성(他姓)은 열에 한둘밖에 안되었다.

타께찌군은 고대 일본의 수도였던 아스까(飛鳥)를 중심으로 하는 지역으로 당시 정치와 문화의 중심지이기도 했다. 그곳은 백제에서 건너가 1백여년간 일본을 실질적으로 지배한 소가(蘇我)씨의 권력을 확립한 소가노우마꼬(蘇我馬子)의 무덤인 이시부따이고분(石舞臺古墳), 소가씨의 씨사(氏寺)인 아스까사(飛鳥寺), 고구려의 영향을 받은 고분벽화로 유명한 타까마쯔총(高松塚), 평양에서 관측된 천체도가 그려져 있는 것이 확인되어 관심을 일으켰던 키또라고분(キトラ古墳) 등이 있는 당시 일본의 핵심지역이었다.

아야(漢)씨와 쌍벽을 이루는 하따(秦)씨도『일본서기』403년 기록에는 그 조상인 궁월군(弓月君)이 백제에서 120현의 백성들을 거느리고 건너간 것으로 되어 있다. 사실 하따씨는 백제에서 건너간 사람들이 아니라 신라에서 건너간 사람들이다. 그들은 일찍부터 지금의 국립영화촬영소가 있는 쿄오또(京都)의 오아즈마(大秦)를 중심으로 자리를 잡고 양잠 등 식산(殖産)활동으로 크게 성공했다. 캄무천황(桓武天皇, 재위 781~806)이 794년 쿄오또로 천도한 것도 그들의 재력 때문이었다.

120현이라는 하따씨의 숫자가 얼마나 되는지 또 얼마나 사실을 반영한 숫자인지는 알 길이 없다. 다만 하따씨가 5세기 후반에 92부(部) 1만 8,670명이었다고 되어 있고, 6세기 전반에는 7,053호라고 되어 있는 기록들로 보아서 그 수를 짐작할 수 있을 따름이다. 이 숫자는 8세기 전반에 파악된 일본 전체 인구의 대략 1/28에 해당한다. 당시 50호를 1향(鄕)으로 계산하면 하따씨는 141향이 되는데 8세기 전반의 전국 향의 수가 대략 그 28배인 4,012향이었기 때문이다.

9세기가 되면 좀더 정확하게 기록된다. 9세기 초, 중앙정부에서 일정한 정치적 자격을 갖춘 가문을 각각 천황의 자손을 칭하는 황별(皇別), 신의 자손을 칭하는 신별(神別), 대륙에서 건너왔다는 제번(諸蕃)으로 분류해놓은 『신찬성씨록(新撰姓氏錄)』이라는 책이 있다. 『신찬성씨록』에는 총 1,059씨족의 계보가 실려 있는데 그중에서 제번을 칭하는 씨족이 324씨로 대략 30%를 차지한다. 이 비율은 고래(古來)의 역사서에 나타나는 2,385씨족 중 710씨족이 대륙에서 건너간 씨족이라는 연구결과와도 거의 일치한다(쿠리따 히로시栗田寬, 『씨족고氏族考』).

제번을 칭하는 씨족 중에는 중국계의 씨족도 포함되어 있다. 그러나 당시에는 한반도에서 건너갔으면서도 중국에서 건너갔다는 주장이 유행했고, 또한 교통사정으로 보아도 제번을 칭하는 씨족들의 대부분이 한반도에서 건너갔다고 생각해도 무방하다. 그리고 고구려·백제·신라를 번국(蕃國, 오랑캐의 나라)이라고 비하하는 생각이 팽배했으므로 한반도에서 건너간 상당수의 씨족들이 황별이나 신별을 칭하기도 했다. 따라서 당시 수도

권에 살고 있던 지배층 인구 중에서 한반도에서 건너간 씨족은
『신찬성씨록』에 기록되어 있는 비중보다도 훨씬 많았을 것이
다. 기록에 나타나지 않은 특정 씨족이나 특정 지역 사람들까지
고려한다면 한반도에서 건너간 사람들의 숫자는 가히 짐작하고
도 남음이 있을 것이다.

천상의 나라에서 일본열도로

원래 일본열도는 현해탄(玄海灘)이라는 장애 없이 대륙과 연
결되어 있었다. 그런데 1만년 전 빙하가 녹아 해수면이 높아져
서 대륙의 일부분이었던 일본열도가 완전히 대륙으로부터 분리
된다. 일본열도가 대륙에 접해 있었다는 증거로는 고대 코뿔소,
맥(tapir, 기제목奇蹄目 맥과에 속하는 동물), 마스토돈(mastodon,
절멸된 코끼리) 등 대륙 남방 원산의 포유류 화석이 일본의 1만
년 전 지층에서 발견되는 사실을 들 수가 있다. 따라서 일본열
도로 건너간다는 말은 현해탄이 만들어졌기 때문에 생겨난 것
이지 원래는 우리와 뒤섞여 살고 있었던 것이다.

일본열도가 대륙에서 분리되었기 때문에 귀소본능에 의해서
일본열도에 살고 있는 사람들에게는 언제나 대륙이 이상향으로
남아 있었다. 따라서 그들은 대륙에서 분리된 직후부터 이상세
계를 찾아서 대륙에 왔다고 생각할 수 있다. 6천년 전부터는 확
실한 증거가 나타난다. 일본에서 수렵과 어로생활을 하던 죠오
몬시대(繩文時代, 1만년 전에서 기원전 3세기까지로 새끼줄무늬가
있는 토기를 사용하던 시대) 전기에 해당하는 6천년 전 일본열도

죠오몬토기(繩文土器, 왼쪽)와 야요이토기(彌生土器, 오른쪽). 수렵과 어로, 채집으로 얻은 식품을 보관하기 위해 새끼줄무늬의 죠오몬토기를 사용했고, 벼농사와 금속기를 사용함으로써 정착생활을 시작한 후 야요이토기를 사용했다.

에서 사용되던 낚싯바늘이 부산 영도구의 동삼동(東三洞) 조개무지〔貝塚〕와 강원도 양양군 오산리(鰲山里) 유적에서 발견된다. 그리고 같은 시대에 북(北)큐우슈우에서는 한국의 영향을 받은 것으로 추정되는 빗살무늬토기 등이 발견된다. 그러나 당시에는 항해술이나 동기의 부족으로 커다란 교류는 없었다고 할 수 있다.

한반도 사람들이 본격적으로 들어가기 시작하는 것은 죠오몬시대에 뒤이은 야요이시대(彌生時代, 기원전 3세기~기원후 3세기)부터이다. 지금의 토오꾜오대학(東京大學) 자리인 야요이쬬오(彌生町)에서 죠오몬토기와는 질이 다른 토기가 발견되었는데 이 토기가 사용된 시대를 야요이시대라고 한다. 벼농사와 금속기를 중심으로 하는 야요이문화는 한반도 사람들이 벼농사 기술과 금속기를 가지고 대거 일본열도에 이주함으로써 시작된다.

기원전 3세기는 중국에서 진(秦, 기원전 221~207)·한(漢, 기원전 206~기원후 226)이라는 고대제국이 출현하여 주변지역을 정복하기 시작한 때이다. 그 여파는 한반도에도 밀어닥쳐서 전국시대에 연(燕)나라에게 쫓긴 위만(衛滿)이 조선에 들어와서 위만조선(衛滿朝鮮, 기원전 194~108)을 세운다. 그리고 한은 위만조선을 멸하고 이른바 한사군(漢四郡, 기원전 108~기원후 313)이라는 것을 설치하였다.

그런데 주변지역들에 대한 진·한의 정벌로 벼농사 기술을 가진 한반도 사람들이 대거 일본열도에 들어가게 된 것이다. 벼농사법이 전해지면서 채집생활을 하던 죠오몬시대가 끝나고 정착생활이 시작된다. 정착생활이 시작되면서 빈부의 차가 생겨나게 되고 소국가가 생겨나기 시작한 것이다.

소국가를 만든 야요이시대 사람들의 키는 죠오몬시대 사람들보다 평균 3cm 가량 크다는 사실이 밝혀졌다. 이같은 변화는 단시간에 이루어질 수 있는 일이 아니므로 그 이유를 한반도에서 사람들이 대거 일본열도로 건너갔기 때문으로 보고 있다.

지금의 일본 천황가에는 그 조상신인 니니기노미꼬또(瓊瓊杵尊)가 천상의 나라〔高天原〕에서 일본열도로 내려갈 때, 조상신이자 천상의 나라의 주신(主神)인 아마떼라스 오오미까미(天照大神)에게서 일본열도의 통치자라는 증거로서 받아온 경(鏡)·검(劍)·옥(玉)의 이른바 삼종신기(三種神器)라는 것이

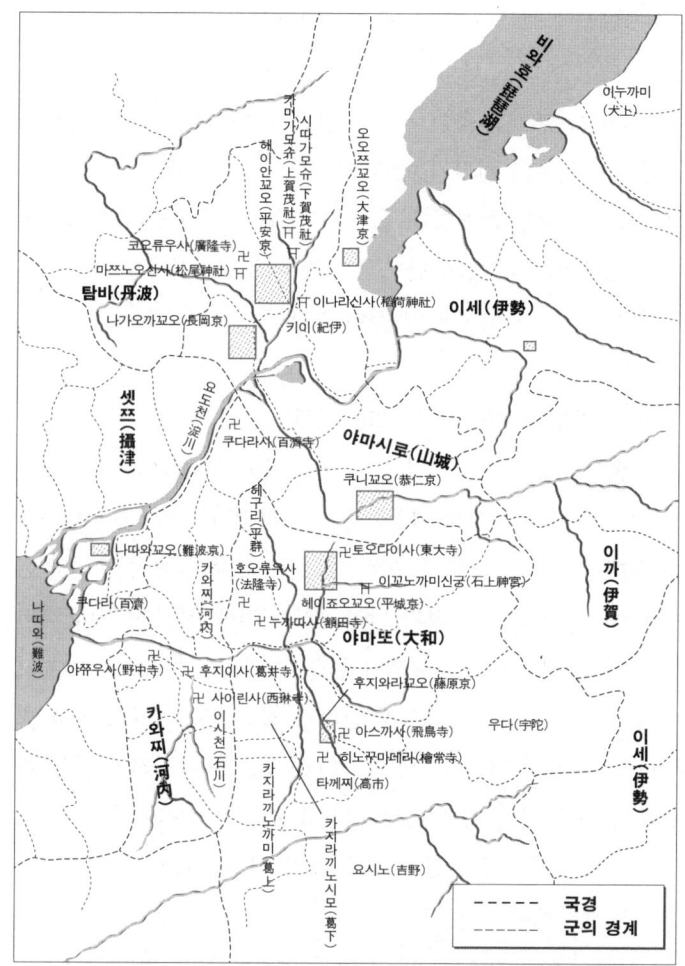

키나이(畿內) 귀화인 관계도. 아스까사(飛鳥寺)와 후지와라꾜오(藤原京) 등이 보인다.

있다. 그런데 그 경·검·옥이 가야지역의 무덤에서도 발견되었다. 그리고 한반도 사람들이 대거 들어간 야요이시대의 수장급 무덤에서도 경·검·옥이 흔히 발견된다. 따라서 경·검·옥으로 상징되는 일본의 천황가는 한반도 사람들이 들어가서 세운 소국가들을 통합한 존재임을 알 수가 있다. 그러나 당시의 기록이 거의 남아 있지 않아 한반도에서 일본열도로 건너간 사람들이 얼마나 되는지는 정확히 알 길이 없다.

국보 1호인 미륵반가사유상의 주인공

야요이시대에 도일해서 소국가를 세운 사람들에 대한 기록에 비해 통일국가가 형성되고 왕권이 확립되는 데 기여한 사람들에 대한 기록은 비교적 풍부하게 남아 있다. 4세기 말부터 한반도 북부에서는 고구려가 남하하기 시작해 백제와 일대 격전을 펼치고, 남부에서는 김해와 동래지역을 중심으로 소국가 사이의 통합이 가속화되었으며 신라가 경상북도 여러 소국을 병합한다. 그리고 5세기가 되면 신라는 영토를 확장하기 위해 가야에 압력을 가한다. 이러한 정세를 미루어 짐작할 때 한반도 남부지역 사람들이 전란을 피해 대거 일본열도에 들어간 것이 아닌가 생각해볼 수 있다.

『삼국사기(三國史記)』의 가야사(伽倻史)는 212년에 왕자를 신라에 볼모로 보내는 기록을 끝으로 481년까지 269년간 공백으로 되어 있다. 바로 이 기간이 아야(漢)씨나 하따(秦)씨 등이 한반도 남부에서 대거 일본열도로 건너갔다는 시기이다. 따라서 아야씨나 하따씨 등의 도일은 한반도 남부가 전란에 휩싸이면서 나타난 현상이었을 것으로 짐작된다.

아야씨는 지금의 아스까(飛鳥)지역에 자리잡고서 소가씨를 도와서 조정의 실권을 장악하는 데 기여했다. 591년 소가씨와 불편한 관계에 있던 스슌천황(崇峻天皇, 재위 588~92)의 살해, 645년 6월 소가씨 정권을 무너뜨린 다이까개신(大化改新) 세력에 대한 저항, 645년 9월 소가씨 정권을 회복시키기 위한 소가씨의 외손 후루히또노오오에황자(古人大兄皇子) 모반사건에 가담하는 등 아야씨는 항상 정치적 소용돌이의 핵심에 서 있었다.

하따씨는 지금의 쿄오또(京都)지역에 들어가서 직기(織機)를 통한 양잠 생산으로 확고한 부와 세력을 쌓아올린 후 국가재정에서 두각을 나타냈던 사람들이다. 그들 중 5세기 후반에 재무장관이 된 하따노사께노끼미(秦酒君), 킴메이천황(欽明天皇, 재위 540~71) 때에 근시자(近侍者)로서 부를 크게 이루었던 하따노오오쯔찌(秦大津父), 7세기 초 재무 부문에서 크게 활약한 하따노뀨우마(秦久麻), 쇼오또꾸태자(聖德太子)의 재정적 후원자로 일본의 국보 1호인 미륵반가사유상(彌勒半跏思惟像)이 안치되어 있는 코오류우사(廣隆寺)를 지은 하따노까와까쯔(秦河勝) 등은 그 대표자들이다. 7세기에도 10여명이 국가 재정에 크게 기여했다.

5세기에는 집단적인 이주와 더불어 조선(造船) 관계 목공인 이나베(猪名部)의 시조, 오오사까(大阪)지역의 관개에 이바지한 연못과 제방의 기술자, 재봉사, 제철 기술자 등이 도일했

일본의 불교를 중흥시킨 인물로 평가받는 쇼오또꾸태자(聖德太子, 가운데).

다. 당시 통일국가의 형성과 왕권의 확립은 이들의 덕분이었다 해도 과언이 아니다.

통일국가의 형성과 왕권 확립에 기여한 사람들에 이어서 5세기 말에서 6세기 말에 걸쳐 백제의 기술자들이 도일한다. 그들이 바로 7세기에 불교를 중심으로 꽃피운 아스까문화의 형성에 결정적인 영향을 끼친 사람들이다.

5세기 후반부터 한반도에서 고구려·백제·신라 간의 싸움이 치열해지자 일본으로부터 군사적인 지원을 받기 위해서 또는 최소한 상대편에 대한 지원을 저지하기 위해서 각국은 일본에 접근했다. 반면에 고대국가로 발전해가던 일본으로서는 한반도의 선진문물이 필요한 상황이었다. 그런데 당시 한반도 삼국 중에서는 백제가 중국의 남조(南朝)와 지리적으로 가까워서 그 선진문물을 독점적으로 수입하던 상태였다. 따라서 일본으로서는 백제를 파트너로 삼을 수밖에 없었음은 앞서도 말한 바 있다.

이렇게 되어 일본이 군사적으로 백제를 지원하자 백제는 일본이 필요로 하는 선진문물과 기술자들을 보내주었다. 새로 건너간 그들은 도공(陶工) 고귀(高貴), 말안장을 만들던 현귀(賢貴), 화공(畵工) 인사라아(因斯羅我), 비단 직조 기술자인 안정나금(安定那錦), 통역인 묘안난(卯安那), 쇠를 다루던 기술자 등을 비롯해서, 불공·와공(瓦工)·목공·조선공·직공·약사·양조공(釀造工) 등의 기술자들이었다. 그들은 새로 건너간 기술자라는 의미에서 이마끼(今來)라고 불렸는데 그들이 정착한 곳이 이마끼군(今來郡)이라고 불릴 정도로 많은 사람들이 건너 갔던 것이다.

그들은 고대 일본의 산업발전에 결정적인 역할을 했다. 그래서 그들을 장악한 자가 대륙에서 건너간 선진문물을 독점할 수 있었고, 일본 내에서 지도적인 위치를 차지할 수 있었다. 소가 씨는 백제에서 건너간 유력 호족이었기 때문에 그들을 자신의 휘하에 둘 수 있었고, 그 결과 일본을 100여년간 실질적으로 지배할 수 있었던 것이다.

특이한 것은 백제가 오경박사(五經博士) 단양이(段楊爾, 513), 고안무(高安茂, 516), 마정안(馬丁安, 531), 유귀(柳貴, 554) 등과 학자 문휴마나(汶休麻那, 544), 동성자언(東城子言, 547), 동성자막고(東城子莫古, 554) 등을 교대로 파견하면서 상주시켰다는 것이다. 그외에도 역박사(曆博士) 시덕(施德, 백제의 16품 중 제8품) 왕도량(王道良), 의박사(醫博士) 나솔(奈率, 백제의 16품 중 제6품) 왕유릉타(王有㥄陀), 채약사(採藥師) 시덕 반량풍(潘量豊), 악인(樂人) 시덕 삼근(三斤) 등 많은 지식인들이 군원(軍援)에 대한 보답으로 건너가 일본이 국가의 기틀을 잡아나가는 데 기여했다. 그 결과 당시 수도였던 아스까지역을 중심으로 아스까문화가 꽃필 수 있었다.

백제의 부흥운동이 실패하면서 백제의 관료들을 중심으로 도일한 것이 한반도에서 건너간 마지막 대이동이었다. 660년 백제가 멸망하고 복신(福信)을 중심으로 부흥운동이 일어나자 일본은 400여척의 배에 3만명에 가까운 구원군을 보냈다. 그러나 일본에서 보내온 구원군도 아무 힘이 되지 못하고 663년 8월 백촌강(白村江, 오늘날의 금강錦江 하구. 금강은 지역에 따라서 각각 다른 이름으로 불렸다고 생각되는데, 한국측 기록에 보이는 백강白江 에 비해 일본측 기록에 보이는 백촌강白村江은 특정 지점을 의미하는 것으로 생각되어 백촌강으로 표기한다)에서 패배하자 구원군과 함께 백제의 지배층이 대거 일본으로 건너갔다. 그중에서 일본에서 배치된 기록이 남아 있는 사람만도 3천여명이 넘는다. 665년 2월에는 백제 남녀 400여명을 지금의 시가현(滋賀縣)인 오오미국(近江國) 카무사끼군(神前郡)에, 이듬해에는 백제 남녀 2천여명을 아즈마국(東國)에, 669년에는 좌평(佐平, 백제의 16품 중 제1품) 여자신(餘自信)과 귀실집사(鬼室集斯) 등 남녀 700여명을 오오미국 가모오군(蒲生郡)에 옮겨 살게 했다는 기록이 있다.

그들 중에 좌평 여자신과 사택소명(沙宅紹明)은 교육부장관에 해당하는 학직두(學職頭)와 법무부차관에 해당하는 법관대보에 임명되었다. 그리고 귀실집사는 최고위관직에 올랐고 기타 율령국가의 기간요원으로 등용된 인물들이 부지기수다. 그들은 지식인 관료가 움직이는 율령국가 성립에 결정적인 공헌을 하게 된다.

제3장

임나일본부설은 어떻게 생겨났나

임나 문제를 둘러싼 사제간의 대결

몇년 전에 미국에서 공부한 저명한 경제학 교수 한 분이 '임나(任那)'에 관한 책을 한 권 보내왔다. 서문을 보니 미국에서 공부를 하다가 우연히 '임나'에 관한 기술을 보고 그냥 보아넘길 수가 없어서 전공을 잠시 접어두고 '임나'에 관한 책을 썼다는 것이다. 그 책을 보는 순간 '할 일이 없어서 자기 전공은 접어두고 엉뚱하게 임나 연구를 했단 말인가' 하는 생각이 들었던 적이 있다.

그뒤 UCLA에서 객원교수로서 공부할 수 있는 기회가 생겼다. 당시 초등학교에 다니던 남매를 데리고 갔다. 아이들의 학교에서 공부하는 사회책이라고 기억되는데, 아시아에 관한 부분에서 "고대에 일본이 임나를 중심으로 한반도 남부를 지배했다"라고 기술되어 있었다. 당시 임나 문제에 몰두했던 나는 그런 표현을 한두번 접한 게 아니었다. 그러나 미국의 초등학교에서 그런 내용을 가르친다는 데 생각이 미치자 그대로 두어서는 안되겠다는 생각이 들면서 책을 보내준 그분의 심정을 이해할 수 있었다.

거의 가야와 같은 뜻으로 사용되는 임나에 관해서는 720년에 완성된 『일본서기(日本書紀)』라는 일본의 고기록에 많은 이야기가 나온다. 따라서 일본은 한일합방을 앞두고 그 역사적 근거로서 『일본서기』를 바탕으로 그들이 한반도 남부를 지배했다는 설을 본격적으로 연구하게 했다. 그 결과를 집대성하여 '4세기 후반에서 6세기 후반까지 약 200여년 동안 일본이 한반도 남부를 지배하고 그 지배기구로서 임나일본부(任那日本府)라는 것을 두었다'라는 통설적인 내용으로 정리를 한 사람이 경성제국대학(京城帝國大學)의 교수를 지낸 스에마쯔 야스까즈(末松保和)였다. 스에마쯔의 주장에 대해서 한국에서는 열악한 연구여건과 연구자의 부족으로 수십년 동안 반론다운 반론을 제시하지 못했다. 그사이 스에마쯔설은 전세계의 교과서에 실렸고, 고대부터 한국이 일본의 지배를 받았던 것처럼 알려지게 되었다.

그런데 소리없이 스에마쯔의 임나일본부설에 대해서 반론을 준비하던 사람이 있었다. 경성제국대학에서 임나일본부 문제에 관한 스에마쯔의 강의를 듣던 김석형(金錫亨)이라는 학생이었다. 해방 후 월북하여 북한의 저명한 역사학자가 된 그는 스에마쯔가 임나 문제에 대한 강의를 할 때면 언제나 검정물을 들인 무명 두루마기를 입고 강의실 뒷자리에 앉아 양손으로 턱을 괸 채 그를 쩨려보았다. 그럴 때마다 스에마쯔는 어디에 눈을 둘지 몰라서 쩔쩔맸다는 유명한 일화가 있다. 김석형은 이미 그때부터 스에마쯔의 임나일본부설에 대한 반론을 구상하고 있었던 것이다.

한국측에서는 일본이 한반도 남부를 지배한 것처럼 되어 있는 『일본서기』는 일본측의 일방적인 주장이기 때문에 신뢰할 수 없다는 반론을 제기한다. 한국측의 반론에 대해 일본 학자들이 언제나 제3국의 자료로 들고 나온 것은 중국의 『송서(宋書)』 왜국전(倭國傳)에 실려 있는 왜국왕 무(武)의 상표문(上表文)이다. 왜국왕 무가 478년 중국에 보냈다는 표(表)에는 "왜·백제·신라·임나·가라·진한·모한 7국 제(諸)군사를 관장하는 안동대장군 왜국왕(使持節都督倭百濟新羅任那加羅秦韓慕韓七國諸軍事安東大將軍倭國王)"이라는 작위를 요청하자, 중국에서는 7국 중에서 백제를 제외한 "왜·신라·임나·가라·진한·모한 6국 제군사를 관장하는 안동대장군 왜국왕"이라는 작위를 내린 것으로 되어 있다. 따라서 제3국의 사료인 『송서』에 왜가 신라·임나·가라·진한·모한 등 한반도 남부의 군사권을 관장했다고 되어 있는만큼 『일본서기』의 내용은 사실이라는 것이다. 한국측에서도 『송서』의 내용에 대해서는 시원스런 답을 못하고 있는 실정이었다.

그런데 1960년대에 김석형은 왜국왕 무가 받았다는 "왜·신라·임나·가라·진한·모한 6국 제군사를 관장하는 안동대장군 왜국왕"이라는 작위에 보이는 '진한'과 '모한'은 무가 작위를 받은 478년 당시 한반도에서는 존재하지 않았다는 주장을 한다. '진한'을 멸망시키고 들어선 나라가 신라이고, '모한'을 멸망시키고 선 나라가 백제이기 때문에 신라와 백제가 생겨난 478년 쯤에는 '진한'이나 '모한'이 한반도에 존재할 수가 없었다는 것이다. 그러므로 왜국왕 무가 받았다는 작호에 보이는 '왜·신라·임나·가라·진한·모한'이 당시에 실존하였다면 그것은 한반도가 아니라 일본열도일 수밖에 없다는 것이다.

김석형은 한걸음 더 나아가 『송서』에 보이는 '신라·임나·가라·진한·모한'이 일본열도에 존재했다면 그것은 신라·임나·가라·진한·모한 등 한반도의 삼한(三韓)과 삼국(三國) 사람들이 건너가서 세운 분국(分國)들이라는 것이다. 따라서 임나 문제는 한반도와 일본의 문제가 아니라 삼한과 삼국 사람들이 일본열도에 건너가서 세운 분국과 일본 중앙정부 사이의 문제라는 이른바 '삼한 삼국의 일본열도 내 분국론'이라는 유명한 설(說)을 냈다. 김석형의 '삼한 삼국의 일본열도 내 분국론'은 제2차 세계대전에서 패배한 뒤 학문의 자유가 허용되면서 과거 한일합방의 역사적 근거를 찾기 위해서 임나 문제를 지나치게 확대해석했다는 반성을 하고 있던 일본 학계에 커다란 충격을 주었다.

그 결과 근래에는 '한반도 남부를 지배하기 위해서 임나일본부라는 기구를 두었다'라고 말하는 학자는 거의 찾아볼 수 없다. 따라서 우리나라에서는 '임나 문제는 이미 끝이 났고 일본에서도 임나일본부설을 주장하는 학자가 없다'는 생각이 일반화되어 있다. 그러나 왜가 한반도 남부를 지배하기 위해서 임나일본부라는 기구를 두었다고는 말하지 않지만, '광개토대왕비문(廣開土大王碑文)'에 왜가 황해도까지 쳐들어갔다고 되어 있는 사실을 들어서 왜가 한반도 남부에서 활동한 사실 자체를 부인하지는 않는다. 그리고 임나일본부설을 전제로 한 일본 고대사의 틀은 그대로 유지되고 있다. 따라서 공개적으로는 언급하지 않지만 아직까지도 묵시적으로는 임나일본부설을 그대로 인정하고 있는 셈이다.

콜럼버스의 달걀 세우기

『일본서기』를 근거로 스에마쯔가 '임나일본부설'을 주장한 것에 대해서 김석형이 거꾸로 '삼한 삼국의 일본열도 내 분국론'을 주장한 것은 아이러니컬하다. 이렇듯 두 사람이 정반대의 주장을 할 수 있었던 것은 『일본서기』라는 책이 상호 모순되는 내용을 담고 있어 자의적으로 해석할 수 있는 소지가 많기 때문이다. 그래서 스에마쯔는 일본에 유리한 기사만을 모아서 일본이 한반도 남부를 지배했다는 설을 주장했고, 김석형은 한국에 유리한 기사만을 모아서 삼한 삼국이 일본열도에 분국을 설치했다는 설을 주장할 수 있었던 것이다.

나는 우선 『일본서기』를 근거로 일본과 한반도 각국의 교류에 대해 조사했다. 『일본서기』에서 임나 문제가 가장 많이 등장하는 시기를 조사해보니 백제에서는 동성왕(東城王, 재위

479~501)과 무령왕(武寧王, 재위 501~23) 시기이고, 일본에서는 케이따이천황(繼體天皇, 재위 507~31)이 즉위한 때부터 시작해서 킴메이천황(欽明天皇, 재위 540~71) 20년(559)까지의 50여년 간이라는 사실을 알게 되었다.

이 기간 동안 일본은 중국과 사신을 교환한 흔적이 전혀 없다. 고구려·신라와는 양국이 각각 한 번씩 사신을 보내지만 일본은 아무런 반응을 보이지 않았다. 임나와 교류한 것에 관해서는 임나가 다섯 번 사신을 보냈지만 두 번은 백제의 사신에 딸려서 보낸 것이고, 한 번은 신뢰하기 어려운 것으로 결국 확실한 것은 두 번뿐이었다. 일본에서는 임나에 두 번 사신이 온 것으로 되어 있으나 다 인정하기 어려운 것들뿐이다. 52년 동안 일본은 중국이나 고구려·신라·임나와는 거의 공식적인 교류를 하지 않았다는 이야기가 된다.

그런데 같은 기간에 백제와 일본 사이에는 백제가 스물세 번이나 사신을 파견했고, 일본도 열네 번이나 사신을 보내왔다. 백제가 파견한 스물세 번의 사신 중에서 그 목적이 분명했던 것은 여덟 번인데 전부 군원(軍援)을 요청하는 내용이다. 백제가 군원을 요청한 것에 대해서 일본은 아홉 번 군원을 제공한다. 일본의 군원에 대해서 백제는 전후 아홉 번에 걸쳐서 오경박사(五經博士) 등의 전문가와 유교나 불교 관계 등의 선진문물을 보냈다.

『일본서기』를 조사해보면 일본이 임나일본부를 설치하고 한반도 남부를 지배했다는 기간에 일본은 백제와 긴밀한 관계를 맺고 있었다. 그러나 임나와는 거의 공식적인 관계가 없었다. 그렇다면 적어도 『일본서기』를 근거로 일본이 임나를 중심으로 한반도 남부를 지배했다는 이야기는 할 수 없는 것이다. 그럼에도 불구하고 과거 일본 학자들은 『일본서기』를 근거로 일본이 임나를 지배했다고 주장했던 것이다. 생각해보면 『일본서기』의 내용 중에 외국과 교류한 것을 근거로 하면 임나일본부설이 잘못되었다는 사실을 입증하는 것은 콜럼버스가 달걀을 세운 것보다도 쉬운 일이었던 것이다. 일본이 임나와 공식적인 관계가 없었다는 사실이 밝혀진 이상 일본이 임나를 지배했다는 증거로 제시되었던 내용들은 전면적으로 재검토되지 않으면 안된다.

가야7국을 평정한 목라근자

일본이 임나를 중심으로 백제와 신라까지도 지배했다는 임나일본부설의 출발점이 되는 기사가 『일본서기』 369년의 기록이다. 『백제기』를 원용한 369년 기록의 대강을 소개하면 다음과 같다.

아라따 와께(荒田別)·카가 와께(鹿我別)를 장군으로 삼았다. 구저(久氐) 등과 같이 군사를 정돈하여, 탁순국(卓淳國)에 건너가서 장차 신라를 치려고 하였다. 그때 어떤 사람이 "군사가 적으면 신라를 깨칠 수 없다. 다시 사백(沙白)·개로(蓋盧)를 보내서 증원군을 청하여라"라고 말하였다. 그래서 목라근자(木羅斤資)와 사사노궤(沙沙奴跪)(이 두 사람의 성姓은 알 수 없다. 다만 목라근자는 백제의 장군이라고 알려졌다) 가 증원군을 거느리고, 사백·개로와 같이 왔다. 모두 탁순국 에 모여 신라를 격파하였다. 그리고 비자벌(比自㶱, 창녕)· 남가라(南加羅, 금관가야, 낙동강 하류지역)·탁국(喙國, 경 산)·안라(安羅, 함안)·다라(多羅, 합천)·탁순(卓淳, 대구)· 가라(加羅, 고령가야 상주시 함창면 일대) 7국을 평정하였다. 군사를 옮겨 서쪽을 돌아 고해진(古奚津, 강진)에서 남만(南 蠻) 침미다례(忱彌多禮, 강진)를 취해서 백제에게 주었다. 이 에 백제왕인 초고왕(肖古王, 근초고왕)과 왕자 귀수(貴須, 근 구수왕)가 또한 군사를 이끌고 와서 모였다. 비리(比利, 이 리)·벽중(辟中, 김제)·포미지(布彌支, 공주시 신풍면)·반고 (半古, 정읍시 고부면) 등 네 읍이 스스로 항복하였다. 이리하 여 백제왕 부자, 아라따 와께 등이 함께 의류촌(意流村)에서 만났다. 서로 보고 기뻐하였다. (…) 그때 백제왕이 맹세하 여, "만일 풀을 깔고 앉으면, 불에 탈 위험이 있다. 또 나무를 잡고 앉으면, 물에 흘러갈 위험이 있다. 고로 반석 위에서 맹 세를 하면 영원히 썩지 않을 것이다. 금후 천추만세(千秋萬 歲)에 끊임없이 무궁할 것이다. 항상 서번(西蕃)이라 칭하 며, 춘추(春秋)에 조공하리다"라고 하였다.

이 기록의 요지는 일본이 신라를 격파하고, 가야7국을 평정 한 다음 침미다례(강진)를 취해서 백제에게 주자, 백제왕이 영원히 일본의 서번이 될 것을 맹세했다는 것이다. 따라서 이 기록은 일본이 임나(가야)지역을 중심으로 신라·백제까지도 지배했다는 임나일본부설의 출발점이 되는 것이다. 그리고 그 내용 중에서도 이때부터 200년 가까이 지배하게 되었다는 가야7국에 대한 평정이 임나 문제의 핵심이 되는 것이다.

그런데 가야7국을 평정한 중심인물인 목라근자가 분주(分注)에는 "백제의 장군"이라고 명시되어 있다. 분주에서는 목라근자의 성을 알 수 없다고 했으나, 당시 백제에는 목(木)이라는 유력한 성씨가 존재했고 일본에는 '목(木)'이나 '목라(木羅)'라는 성씨가 존재하지 않았다. 따라서 가야7국을 평정한 중심인물인 목라근자는 백제 장군이 분명하다.

가야7국을 정벌한 작전을 보면 탁순, 즉 대구에서 시작하여 가야7국을 평정하면서 한반도의 남해안을 서진(西進)한 백제 장군 목라근자와 백제의 수도 한성(漢城)에서 서남쪽을 향하여 남하한 근초고왕과 왕자 귀수의 군대가 고해진(강진)에서 만나는 것으로 되어 있다. 그 결과 양군에 둘러싸인 형태가 된 비리·벽중·포미지·반고 등 구(舊) 마한(馬韓)지역이 자연히 항복을 하게 되었다는 것이다. 따라서 목라근자와 근초고왕이 중심이 된 이 작전은 전체적으로 구 마한지역에 대한 백제의 작전임을 알 수 있다.

그리고 가야7국을 평정한 주체가 일본이라면 작전은 일본에서 도착하는 한반도의 남해안에서 개시되어야 할 것이다. 그러나 목라근자가 중심이 되어서 진행한 작전은 내륙인 대구에서 출발하고 있다. 대구는 백제가 가야7국을 평정하는 집결지는 될 수 있지만, 왜군이 가야7국을 평정하는 집결지는 될 수 없는 곳이다.

또 가야7국 평정의 주체가 일본이 아니고 백제라는 사실은 목라근자 등이 "남만 침미다례"를 취해서 백제에게 주었다는 표현으로도 알 수 있다. "남만 침미다례"에서 '남만'은 '침미다례'의 방향을 표시하는 말인데, 침미다례는 백제의 입장에서 본다면 '남만'이 되지만, 일본의 입장에서 본다면 '서만'이 된다. 이로써 침미다례나 가야7국을 평정한 주체는 백제였음을 알 수 있다. '남만'이라는 표현은 가야7국 평정의 주체를 일본으로 바꿔 쓰면서 부주의로 남겨놓은 하느님의 선물이었던 것이다. 역사를 완벽하게 날조할 수는 없었던 것이다.

근초고왕 때 가야7국을 평정한 나라가 일본이 아닌 백제라는 증거는 여러 곳에서 발견된다. 『일본서기』 541년 4월 기록에는 "백제 성명왕(聖明王, 재위 533~54, 성왕聖王)이 '옛적에 우리 선조 속고왕(근초고왕), 귀수왕(근구수왕) 치세 때에 안라·가라·탁순의 한기(旱岐, 왕과 같은 존재) 등이 처음 사신을 보내 상통(相通)하여 친밀하게 친교를 맺었다. 자제의 나라가 되었다'"라고 되어 있다. 그리고 같은 해 7월 기록에도 "성명왕이 임나에게 이르기를 '옛적에 우리 선조 속고왕, 귀수왕이 당시 임나의 한기 등과 처음으로 화친을 맺고 형제가 되었다. 이에 나는 그대를 자제로 알고, 그대는 나를 부형으로 알았다. 같이 천황을 섬겨 강적에게 항거하였다'"라고 되어 있다. 또 554년

11월 기록에도 "성명왕이 '임나와 우리 백제는 옛부터 이제까지 자제같이 되겠다고 약속하였다'"라는 541년 기록과 대동소이한 내용이 실려 있다. 근초고왕 때부터 백제가 가야제국과 부자관계 내지는 형제관계를 맺어왔다는 것이다. 그런데 369년 기록에 의하면 목라근자가 근초고왕과 합동작전을 펼쳐 가야7국을 평정한다. 따라서 369년, 즉 근초고왕 때 가야7국을 평정한 주체는 일본이 아니라 백제임을 알 수 있다.

일본 천황의 신하가 되어버린 목라근자

일본 학자들은 가야7국을 평정한 일본이 가야와 맺은 관계를 더욱 돈독히한 사건으로서 『일본서기』 382년 기록을 든다. 그 기록에는 다음과 같은 요지의 내용이 실려 있다.

『백제기(百濟記)』에 말하였다. 임오년(382)에 신라가 일본에 조공을 바치지 않았다. 일본은 사지비궤(沙至比跪)를 보내서 신라를 치게 하였다. 신라는 미녀 두 사람을 단장시켜 항구에서 마중하여 사지비궤를 유혹하였다. 사지비궤는 그 미녀를 받고서 신라를 치지 않고 도리어 가라국을 쳤다. 가라국왕 기본간기(己本旱岐) 및 자식인 백구지(百久至)·아수지(阿首至)·국사리(國沙利)·이나마주(伊羅麻酒)·이문지(爾汶至) 등이 그 인민을 거느리고 백제로 도망하였다. 백제는 후하게 대우하였다. 가라국왕의 누이 기전지(旣殿至)는 대왜(大倭)를 향하여 가서 "천황께서 사지비궤를 보내 신라를 치게 하였습니다. 그런데 신라의 미녀를 받고서는 신라를 치지 않고 도리어 우리나라를 멸망시켰습니다. 형제, 인민이 모두 유랑하였습니다. 근심을 이기지 못하여 와서 여쭙니다"라고 말하였다. 천황이 크게 노하여, 목라근자를 가라에 보내서 그 사직을 되돌렸다.

이 기록의 핵심은 신라를 치러 갔던 사지비궤가 신라를 치지 않고 도리어 대가야(大伽倻, 고령)를 치자 가야왕과 그 일족은 백제로 도망갔다. 그리고 가야왕이 그 누이동생을 시켜서 일본에게 구원을 청하자 일본 천황이 목라근자를 보내서 사직을 부활시켜줬다는 내용이다.

382년 기록에서 대가야를 구원한 사람은 백제 장군인 목라근자로 되어 있다. 지리적으로도 백제는 대가야와 국경을 접하고 있어서 바로 구원에 나설 수 있지만, 일본이 내륙에 있는 대가야를 구원하기 위해서는 바다를 건너와서도 한반도 남쪽 지역들을 뛰어넘어야 하기 때문에 실질적으로는 불가능한 입장이었다. 더구나 가야왕과 그 일족이 백제에 피난해 있으면서 일본에 구원을 청했다는 이야기도 말이 안된다. 그리고 근초고왕 이래 가야와 관계를 맺고 있던 나라도 일본이 아니고 백제였다. 그렇다면 이때 가야를 구원한 나라도 일본이 아니고 백제가 되어야 한다.

앞에서 살펴본 대로 369년에 가야7국을 평정하고 382년에 대가야를 구원한 주인공은 목라근자다. 『일본서기』에도 목라근자는 백제의 장군이라고 명기되어 있다. 그러나 목라근자의 가야7국 평정이나 대가야 구원이 마치 천황의 명에 따라 일본에서 파견하여 이루어진 것처럼 되어 있다. 그 결과 가야7국을 평정하고 대가야를 구원한 주체가 일본인 것처럼 되어버렸고, 일본이 가야를 200년 가까이 지배했다는 임나일본부설이 생겨난 것이다. 그렇다면 가야7국을 평정하고 대가야를 구원한 나라가 백제인데 그것이 왜 일본인 것처럼 되어버렸을까?

목만치는 어디로 가버렸는가

『일본서기』 414년 기록에는 목라근자의 아들에 관한 내용이 보인다. 그 대략을 소개하면 다음과 같다.

> 백제의 직지왕(재위 405~20, 전지왕腆支王)이 죽었다. 그 아들 구이신(久爾辛)이 왕이 되었다. 왕은 나이가 어렸다. 목만치(木滿致)가 국정을 잡았다. 왕모와 간음하여 무례한 일이 많았다. 천황이 듣고 불렀다.

『백제기(百濟記)』에 말하였다. 목만치는 목라근자가 신라를 칠 때 그 나라의 부인을 얻어서 낳은 바다. 그 아버지의 공이 있으므로 임나의 일을 도맡아 보았다. 우리나라에 오고, 왜에 왕래하였다. (…) 우리나라의 정사를 집행하였다. (…) 그런데 일본 천황이 그 포악한 것을 듣고 불렀다.

이 기록의 요지는 가야7국을 평정했고, 대가야를 구원했던 목라근자가 신라를 칠 때 신라의 부인을 얻어서 낳은 목만치가 아버지의 공로를 빌미로 임나의 일을 도맡아 보았는데, 어린 구이신왕(久爾辛王)의 어머니와 간음하여 무례한 일이 많았으므로 천황이 일본으로 불러들였다는 것이다.

목라근자는 백제의 장군이고 목만치는 그 아들이다. 그리고 목(木)씨는 백제에만 있고 일본에는 없는 성씨이다. 또『삼국사기』에도 475년에 고구려의 침입을 받아서 한성이 함락되고 개로왕(蓋鹵王, 재위 455~75)이 전사하였을 때, 문주왕(文周王, 재위 475~77)을 데리고 공주(公州)로 남천(南遷)하여 백제를 재건한 인물로 목만치가 등장한다. 그렇다면 목만치는 분명 백제인이고 따라서 그의 아버지인 목라근자도 백제인임에 틀림없다. 앞뒤가 잘 들어맞는다.

『일본서기』에는 일본 천황이 목만치를 일본으로 불러들였다고 기록되어 있다. 그후 백제에서는 그의 활약상을 전혀 찾아볼 수가 없다. 그런데 그를 불러들인 일본에서도 목만치의 이름은 등장하지 않는다. 그 대신『일본서기』에는 소가(蘇我)씨의 조상으로서 소가만지(蘇我滿智, 소가노마찌)라는 인물이 선진지식을 가진 백제 사람들을 대동하고 혜성처럼 일본 조정에 등장한다. 그렇다면 백제에서 사라진 목만치는 어디로 가버린 것일까.

소가만지 이래 소가씨는 6세기 후반에서 7세기 후반까지 약 100여년간 실질적으로 일본을 지배하게 된다. 소가씨는 백제에서 건너간 선진기술자들을 휘하에 거느림으로써 조정의 권력을 장악하게 된 씨족이다. 소가만지에서 시작된 계보는 소가만지(蘇我滿智, 소가노마찌)-소가한자(蘇我韓子, 소가노까라꼬)-소가고려(蘇我高麗, 소가노꼬마)-소가노이나메(蘇我稻目)-소가노우마꼬(蘇我馬子 또는 시마斯麻)―소가선덕(蘇我善德, 소가노 젠또꾸) 등으로 이어지는데 소가만지는 소가씨 권력을 확립한 소가노우마꼬의 4대 조(祖)에 해당한다.

소가만지의 '만지(滿智)'라는 이름은 목만치의 '만치(滿致)' 와 일본어 발음이 같다. 그리고 아들인 '한자(韓子)'나 손자인 '고려(高麗)'는 모두 한반도와 어떤 관계가 있음을 시사하는 이름들이다. 또 소가씨 권력을 확립한 소가노우마꼬의 다른 이름인 '시마(斯麻)'도 무령왕의 이름인 '시마(斯麻)'와 같을 뿐만 아니라 우마꼬의 아들의 이름인 '선덕(善德)'도 한반도에서 유행했던 이름이다. 한편 우마꼬의 손자로 실권을 휘둘렀던 이루까(入鹿)의 정식 이름은 소가대랑임신안작(蘇我大郎林臣鞍作)인데 '안작(鞍作)'이라는 이름은 백제계 씨족의 명칭과 같고, 씨에 해당하는 '임(林)'은 『신찬성씨록(新撰姓氏錄)』에 "백제국인 목귀(木貴)의 후예"라고 백제 출신임이 명기되어 있다.

고대 일본의 유력한 호족은 조상의 명복을 비는 씨족의 절을 가지고 있었다. 소가씨의 씨사(氏寺)가 바로 일본 최고(最古)의 아스까사(飛鳥寺)이다. 아스까사를 건축할 때 대신 소가노우마꼬(蘇我馬子)가 요청하여 588년 백제는 불사리(佛舍利), 절 짓는 기술자, 노반박사(鱸盤博士, 불탑의 꼭대기에 상륜부를 만드는 기술자), 기와 만드는 기술자, 화공 등을 보내줬다. 그런데 소가노우마꼬가 아스까사를 세우고 탑의 기둥을 세우는 모습이 『부상략기(扶桑略記)』라는 책에 잘 나와 있다. 당시의 상황을 전하는 『부상략기』에는 "소가노우마꼬가 (…) 아스까에 호오꼬오사

(法興寺, 아스까사)를 세웠다. 탑 중심의 기둥을 세우는 날에 우마꼬대신과 100여명이 모두 백제 의복을 입었다. 보는 자들이 모두 기뻐했다. 탑 중심의 초석함에 불사리를 안치했다"라고 되어 있다. 소가씨의 족장인 우마꼬와 그 일족 100여명이 소가씨의 씨사인 아스까사의 탑의 기둥을 세우고 불사리를 봉안하는 의식을 백제의 옷을 입은 채 거행했다는 것이다. 이는 소가씨가 어디서 왔는지를 잘 시사해주는 내용이다.

소가씨는 어떻게 해서 왜인이 되었는가

소가씨가 백제에서 건너간 사람들이라면 그 조상인 소가만지가 백제에서 건너갔다는 말이 된다. 그리고 소가만지가 백제에서 건너간 것이 사실이라면 그는 『일본서기』에 도일하는 과정이 소개된 목만치라고 생각할 수 있다. 성(姓)은 다르지만 이름과 시기가 완전히 일치하기 때문이다. 따라서 목만치가 어느 시기에 어떤 과정을 거쳐서 도일했는가 하는 의문이 생긴다.

목만치는 적어도 문주왕을 모시고 남천하여 백제를 재건하는 475년까지는 백제에 체류하고 있었다. 그러므로 목라근자가 가야7국을 평정하는 369년부터 그 아들인 목만치가 마지막으로 한반도에서 보이는 475년까지는 목라근자 부자가 백제 장군으로서 가야지역을 경영하고 있었던 셈이다. '광개토대왕비문'에 의하면 목라근자 부자가 가야지역을 관장하고 있던 404년에 일본이 황해도까지 쳐들어갔던 것으로 되어 있다. 당시 백제는 고구려와 국경을 맞대고 치열한 전쟁을 계속하고 있었다. 그러

중국의 지린성(吉林省) 지안현(集安縣) 퉁꺼우(通溝)에 있는 광개토대왕비 (1910년대 사진). 일본의 사학계는 이 비문의 내용을 근거로 임나일본부를 주장했다.

나 지리적으로 보아서 일본은 직접 고구려와 대립할 이유가 없었다. 따라서 '광개토대왕비문' 404년 기록에 보이는 왜는 백제가 끌어들였다고 할 수 있다.

그런데 지리적으로 보아서 왜가 황해도까지 쳐들어가기 위해서는 임나와 백제를 통과하지 않으면 안된다. 그리고 임나를 통과하여 황해도까지 진격하기 위해서는 당시 임나를 관장하던 목라근자 부자의 협력을 받지 않으면 안된다. 또 임나를 거쳐서 황해도에 진격한 404년의 왜가 백제가 끌어들인 왜가 틀림이 없다면 왜인들은 이미 임나를 통과할 때 목라근자 부자와 관계를 가졌던 셈이다. 백제와 일본은 목라근자 부자를 매개로 고구려와 벌인 전쟁에서 합동작전에 임했던 것이다. 그렇다면 적어도 404년경부터는 목라근자 부자는 왜와 밀접한 관계를 갖고 있었다고 생각할 수 있다.

475년 한성이 고구려에게 함락되고 개로왕이 전사했을 때, 백제가 신라에게 구원을 청하자 신라는 1만명의 원군을 보낸다. 그런데 그보다 70여년이나 이른 404년부터 백제는 왜와 연합해서 고구려와 싸웠다. 왜는 백제의 맹우(盟友)였던 것이다. 수도가 함락되고 국왕이 전사하는 상황에서 신라에게도 군원을 청한 백제가 맹우였던 왜에게 구원을 청하지 않았을 리가 없다. 더욱이 당시에는 개로왕의 동생인 곤지(昆支, 461년 도일)와 그의 아들로 후일 귀국해서 백제의 왕이 된 동성왕과 무령왕이 일본에 머물고 있었다. 그런 상황에서 왜에게 구원을 청했다면 그 사자(使者)로서 목만치 이상의 적격자는 없었을 것이다. 목만치는 아버지인 목라근자 이래 오랫동안 왜와 협력관계를 맺어온 인물이었기 때문이다.

목만치가 구원을 청하기 위해서 도일한 시기와 아버지인 목라근자의 활동시기 사이에 너무 많은 차이가 난다는 지적이 있다. 아버지인 목라근자가 가야7국을 평정한 것이 369년인데 그 아들인 목만치가 475년까지 활약했다면 부자간의 활동기간이 100년 이상이나 되기 때문에 시기적으로 불가능하다는 이야기이다.

『일본서기』에 의하면 목만치는 목라근자가 신라를 칠 때 신라의 부인을 얻어서 낳은 아들이다. 그런데 『삼국사기』에 의하면 목라근자가 역사상 처음 등장하는 369년에서 목만치가 한 반도에서 마지막으로 보이는 475년 사이에 백제가 신라와 싸운 것은 403년밖에는 없다. 따라서 목라근자가 신라를 칠 때 신라의 여인을 얻어서 목만치를 낳은 것이 분명하다면 목만치의 출생은 403년을 크게 벗어나지 않는 시기였다고 할 수 있을 것이다.

목라근자가 가야7국을 평정한 369년에 20대였다고 한다면, 목만치를 얻은 403년쯤에는 50대였다. 김유신(金庾信)은 자기 누이동생을 김춘추(金春秋)에게 시집보낸 뒤 김춘추와 누이동생 사이에서 태어난 딸과 60대에 결혼하여 여섯 명의 자녀를 둔 것으로 유명하다. 목라근자가 50대에 목만치를 얻지 못할 이유가 없다. 그리고 목만치가 403년에서 크게 벗어나지 않는 시기에 태어났다면 그가 일본으로 건너갔다는 475년경에는 일흔을 전후한 나이였다. 그만한 연배의 중신이었기 때문에 왕이 죽고 수도가 함락되는 상황에서 문주왕을 데리고 남천하여 백제를 재건하는 중책을 맡았던 것이다. 따라서 목만치가 475년에 도일했다는 사실은 시간적으로는 아무런 문제가 될 수 없다고 할 수 있다.

소가만지는 475년 백제에서 건너간 목만치이다. 그런데 소가만지의 자손들이 왜인으로 행세하기 시작함에 따라서 소가만지가 백제인으로서 한 활동은 자연히 왜인으로서 한 활동이 되어버리지 않을 수 없었다. 그리고 목만치가 왜인으로 인식되어버렸기 때문에 그의 아버지인 목라근자의 369년 가야7국 평정이나 382년 대가야 구원도 백제인으로서 행한 것이 아니라 일본 천황의 명에 따른 것이 된다. 그렇기 때문에 『일본서기』에 목라근자의 가야7국 평정이나 대가야 구원이 일본 천황의 명에 의한 것처럼 되어버렸던 것이다.

일본에 대해서 어느 정도 관심을 가지고 있는 사람이라면 대충 소가씨가 백제에서 건너간 사람들이라고 입력되어 있을 것이다. 그러나 아직까지는 소가씨가 백제에서 건너간 사람들이라는 사실을 명확히 입증할 수 있는 자료는 어디에도 없다. 그런데 20여년 전에 와세다대학(早稻田大學)에서 유학을 하고 있을 때였다. 지금은 없어졌지만 당시에는 와세다대학에 설립자(오오꾸마 시게노부大常重信)의 이름을 딴 오오꾸마식당이 있었다. 아름다운 일본식 정원을 곁들인 식당이었는데 점심은 피로도 풀 겸해서 언제나 그곳에서 했었다.

하루는 식사를 하고 있는데 상학부 대학원에 와 있던 한국 학생 하나가 들어오다가 나를 발견하고서는 쫓아와서 옆에 앉더니 다짜고짜 "선배님 제가 소가씨가 한국 사람이라는 결정적인 자료를 알고 있습니다. 언제 갖다드리겠습니다"라고 의기양양하게 말하는 것이었다. 사실 소가씨에 관한 자료라면 한국에서는 나만큼 아는 사람도 드물었다. 그렇다고 내가 모르는 사이에 소가씨가 백제인이라는 결정적인 자료가 새로 나올 턱도 없었다. 따라서 문외한인 그가 소가씨가 백제인이라는 결정적인 자료를 발견했다는 이야기도 가히 짐작할 만한 일이었다. 백제적인 냄새를 풍기는 자료를 하나 읽고 흥분해서 한 말일 것이다.

당시에는 나도 젊은 혈기를 참지 못하고 몇가지 자료를 들면서 이런 것 아니냐고 물어보았던 적이 있다. 나도 소가씨가 백제인이라는 심증은 간다. 그러나 확실하지 않은 자료를 가지고 "소가씨가 백제에서 건너간 사람들이다"라고 단정적으로 말했다가 일본 사람들이 증거를 대보라고 하면 어떻게 하겠는가. 그러니까 단정적으로 이야기하지 말고 소가씨가 백제인이라고 심증이 갈 만한 자료들을 쭉 대고 이런 자료들로 보아서 '소가씨는 백제와는 뗄 수 없는 관계에 있던 사람들이라고 생각된다'는 정도로만 하는 것이 훨씬 더 효과적이지 않겠는가. 그러면 상대방도 '아 소가씨가 백제에서 온 사람들인가 보구나' 하고 생각하지 않겠는가라고 일장 설파를 했다. 그 학생은 말없이 밥만 먹고 있었다. 그뒤로 자료를 보내주겠다던 그 학생한테서는 아무런 연락이 없었다. 소가씨가 백제인이라는 식으로 단정하는 것보다는 오히려 소가씨가 백제와 관계가 깊다는 뉘앙스만 풍기는 것이 훨씬 효과적일 때가 많다.

일본이 임나를 지배한 확실한 증거?

일본이 임나에 직할령을 두고 임나를 지배했다는 확실한 증거로 제시하는 것이 『일본서기』 509년 기록이다.

509년 기록의 "사자(使者)를 백제에 보냈다. 임나의 일본현읍(日本縣邑)에 있는 백제의 백성 중 도망해온 자와 호적이 끊어진 지 3~4대 되는 자들을 찾아내 백제로 옮겨 호적에 올리게 하였다"라는 내용을 근거로 임나에 있는 '일본현읍'이라는 곳은

'일본'이라는 말이 들어가 있는 것으로 보아서 일본의 직할령이 분명하다고 주장한다. 따라서 '일본현읍'은 일본이 임나 내지는 한반도 남부를 지배했다는 좋은 증거가 된다는 것이다.

그러나 '일본(日本)'이라는 명칭은 7세기에 생겨난 말로 '일본현읍'이라는 표현이 보이는 509년에는 '일본현읍' 중의 '일본'이라는 표현은 아직 존재하지도 않았다. 그렇다면 『일본서기』에 보이는 '일본현읍'의 정확한 표현은 '○○현읍(○○縣邑)'으로 그 중의 '일본'이라는 단어는 720년에 『일본서기』를 편찬하면서 집어넣은 셈이 된다. 따라서 509년 기록의 '일본현읍'이라는 표현을 근거로 해서 509년에 일본이 임나에 직할령을 가지고 있었다는 이야기를 해서는 안된다.

509년 즈음, '일본현읍'의 정확한 명칭은 ○○현읍이다. 그런데 ○○현읍에는 백제 백성이 3~4대 전부터 들어가서 살았다는 것이다. 백제 백성이 3~4대 전부터 들어가서 살았다면 그곳은 어떤 형태로든 백제의 영향을 받는 지역이었다고 할 수 있다. 그렇다면 ○○현읍은 임나에 백제의 직할령이 있었다는 증거는 되지만, 임나에 일본의 직할령이 있었다는 증거가 될 수는 없는 것이다.

일본이 임나를 지배했고 그 임나를 지배하기 위한 기구로 '임나일본부'를 설치했다는 확실한 증거로 제시하는 것이 『일본서기』 543년 기록이다.

543년 기록에 일본 천황이 "쓰모리노무라지(津守連)를 보내어 백제에 이르기를 '임나의 하한(下韓)에 있는, 백제의 군령,

성주를 일본부(日本府)에 귀속하라'라고 하였다"는 내용을 근거로, '일본부'는 '일본'이라는 말이 들어가 있는 것으로 보아서 일본의 기구가 분명하다고 주장한다. 그리고 '일본부'가 일본의 기구가 분명하다면 그것은 일본이 임나를 지배하기 위해서 설치한 기구가 분명하다는 주장이다. 그러므로 '일본부'라는 기록이야말로 일본이 임나를 지배한 확실한 증거라는 것이다.

그러나 '○○현읍'과 같은 이유로 당시 '일본부'의 정확한 표현은 '○○부'로 '일본부' 중의 '일본'이라는 표현은 720년 『일본서기』를 편찬할 때에 집어넣은 셈이 된다. 그러므로 543년 기사에 나오는 '일본부'의 '일본'이라는 표현을 근거로 해서 543년에 일본이 임나를 지배하기 위한 기구를 설치했다고 주장해서는 안될 것이다.

『일본서기』에 보이는 '일본부'라는 표현의 543년 때 정확한 호칭은 '○○부'다. 그런데 543년 기록에는 임나에 있는, 백제의 '군령'과 '성주'를 '○○부'에 귀속시키라고 되어 있다. 따라서 543년 임나에는 백제의 지방장관인 군령과 성주가 배치되었음을 알 수 있다. 그렇다면 백제의 지방장관인 군령과 성주가 귀속되어야 할 '○○부'는 백제의 기관이지 일본의 기관이 될 수는 없을 것이다. 즉 임나에 있는 백제의 군령과 성주가 귀속되어야 할 '○○부'라는 표현은 백제가 임나에 군령과 성주라는 지방장관을 배치했다는 증거는 되지만 일본이 임나를 지배하기 위한 기관을 두었다는 증거는 될 수 없다.

일본 학자들이 주장하는 것과 달리 임나에는 일찍부터 백제 사람들이 들어가서 살고 있었고 백제의 지방장관들도 배치되어 있었다. 그런데 후대에 『일본서기』를 편찬하면서 백제의 주민들이 이주하여 살고 있던 '○○현읍'이라는 특수 지역에 '일본'이라는 말을 넣어서 '일본현읍'이라고 기술하고, 백제의 군령과 성주가 귀속되어야 할 '○○부'에 '일본'이라는 말을 집어넣어서 '일본부'라고 기술함으로써 백제의 직할령이 일본의 직할령처럼 되어버렸고 백제의 기구가 일본의 기구처럼 되어버린 것이다. 그렇다면 『일본서기』의 편자는 '○○현읍'과 '○○부'에다가 왜 '일본'이라는 말을 써넣었을까.

『신찬성씨록』의 비밀

540년대에 관한 『일본서기』의 기록에는 일본 사람이 분명한 이끼미(印岐彌), 코세노오미(許勢臣) 등이 임나지역에서 활약하는 내용이 보인다. 일본 학자들은 이끼미나 코세노오미 등 일본 사람들이 임나지역에서 활동하고 있는 것은 일본이 임나를 지배하고 있었기 때문이라고 주장한다.

그러나 544년 기록에는 백제의 성왕(聖王, 재위 523~54)이 "내가 이끼미를 머무르게 한 후 코세노오미 때에 이르러"라고 되어 있어서 이끼미나 코세노오미 등이 백제의 명령을 받는 입장에 있는 사람들이었음을 알 수 있다. 그리고 544년 11월 기록에도 백제의 성왕이 "무릇 이끼미를 임나에 보낸 것은 본래 임나를 침해하려고 한 것이 아니다"라고 말한 것으로 되어 있어서 이끼미를 임나지역에 보낸 나라가 백제임이 명시되어 있다.

당시 가야지역을 둘러싸고 백제는 신라와 치열하게 세력 다툼을 벌이고 있었다. 그러나 고구려의 남하정책에 대해서는 신라와 나제동맹(羅濟同盟)을 체결하여 공동으로 대응하였다. 그런데 고구려의 남하정책의 주된 목표는 백제였다. 따라서 백제로서는 가야지역에서 신라와 세력 다툼을 벌이고는 있었지만 신라와 직접적으로 충돌하는 것을 피하지 않으면 안될 입장이었다. 즉 신라와 직접적으로 충돌하는 것을 피하기 위해서는 신라와 접경한 지역에 제3국인을 끌어들여서 완충역할로 삼는 방법밖에는 없었던 것이다. 그래서 선진문물을 제공하고 이끼미나 코세노오미 등 왜인을 끌어들였던 것이다.

720년 『일본서기』를 편찬한 사람들은 이끼미나 코세노오미 등이 백제에서 선진문물을 제공하고 데려간 사람들이라는 사실을 몰랐다. 그래서 그들이 활약하던 '○○현읍'과 '○○부'라는 특수지역과 기구가 일본의 것이라고 생각하고 그 앞에다가 7세기에 생겨난 '일본'이라는 말을 적어 넣어서 '일본현읍'과 '일본부'라고 표기한 것이다. 그 결과 백제의 직할령과 백제의 기구가 졸지에 일본의 직할령과 일본의 기구로 되어버렸다.

그러나 근래에도 일본 학자들은 이끼미나 코세노오미 등을 임나에 파견한 나라가 일본이라고 생각하고 그들이 임나지역에 들어가서 활약하게 되는 계기를 보여주는 증거로서 『신찬성씨록』 요시다 노무라지(吉田連)에 관한 내용을 제시한다. 그 내용을 요약하면 다음과 같다.

스진천황(崇神天皇) 대에 임나국이 "신국(臣國)의 동북에 삼기문(三己汶, 상기문上己汶·중기문中己汶·하기문下己汶)의 땅이 있습니다. 지방이 300리로 토지와 인민이 부유한데 신라국과 더불어 서로 다투어 피차에 다스릴 수가 없고 전쟁이 잇따라 백성들이 편안하게 생활할 수 없습니다. 신이 청하건대 장군으로 하여금 이 땅을 다스리게 하소서. 즉 귀국의 직할지로 하십시오"라고 아뢰었다. 천황이 크게 기뻐하여 (…) 염수진(鹽垂津)으로 하여금 칙(勅)을 받들어 가서 진수(鎭守, 鎭戍)하게 했다.

『신찬성씨록』의 요지는 임나가 신라와 분쟁관계에 있던 지역을 일본에 바쳤으므로 일본이 염수진을 임나지역에 보내서 진수하게 했다는 내용이다. 그런데 『속일본후기(續日本後紀)』 837년조(條)에는 일본이 임나에 파견했다는 염수진에 관한 후속기사가 보인다. 염수진의 후손이 바친 상표문의 형태를 띤 『속일본후기』의 대강을 소개하면 다음과 같다.

시조(始祖) 염수진은 대왜인(大倭人)입니다. 뒤에 나라의 명(命)에 따라서 삼기문(三己汶)에 가서 거주하게 되었는데 그 땅이 백제에게 예속되게 되었습니다. 그래서 염수진의 8세손(孫)인 달솔(達率) 길대상(吉大尙)과 그 동생 소상(小尙) 등이 고국으로 돌아가고 싶은 마음이 생겨서 잇따라 내조(來朝)하였습니다.

『신찬성씨록』에는 천황의 명을 받아서 염수진이 임나의 삼기문에 들어가서 지키게 되었다고 되어 있다. 그런데『속일본후기』에는 염수진이 삼기문의 진수장(鎭守將)이 된 뒤 그의 8세손인 길대상 때 삼기문을 백제가 차지했으므로 길대상과 동생 소상이 일본으로 돌아왔다고 되어 있는 것이다.

가야, 즉 임나를 신라가 최종적으로 통합한 것은 대가야를 멸망시킨 해인 562년이다. 그런데 백제가 가야를 점령했기 때문에 길대상이 일본으로 귀국했다면, 백제가 가야를 점령한 것은 562년 신라가 가야를 최종적으로 통합하기 이전의 어느 단계여야 한다. 사실 중국의『송서(宋書)』에도『삼국사기』와는 달리 신라가 가야를 직접 빼앗은 것이 아니라 백제에게서 빼앗았다고 되어 있어서 562년 신라가 가야를 통합하기 이전에 백제가 가야를 점령하고 있었다는『속일본후기』의 내용을 뒷받침해주고 있다. 그렇다면 562년 이전 백제가 가야를 점령했을 때 길대상은 백제군에게 쫓겨서 귀국했어야 한다.

그런데 길대상은 562년 이전 백제가 가야를 점령했을 때 귀국한 것이 아니고 663년 백제부흥운동이 실패로 끝나고 백제의 지배층이 대거 일본으로 건너갈 때 그들과 같이 건너간 백제 사람이다.『신찬성씨록』의 내용 중에 길대상이 '달솔'이라는 백제의 관위(官位)를 가지고 있는 사실로 보아서도 그가 가야에서 살다가 백제군에게 쫓겨서 귀국한 일본 사람이 아니라, 백제의 관료로서 백제부흥운동이 실패한 뒤에 일본으로 건너간 사람이라는 사실을 알 수가 있다.

 길대상이 백제인이라면 임나의 요청으로 삼기문에 들어가서 진수장이 된 그의 8대 선조인 염수진도 당연히 백제인이 된다. 그리고 임나의 진수장이 된 염수진이 백제인이라면 임나의 요청으로 삼기문을 차지한 나라도 일본이 아니라 백제가 되어야 할 것이다. 지리적으로도 백제는 임나의 요청에 응해서 삼기문에 군대를 진주시킬 수 있지만 일본은 한반도 남부지역을 뛰어넘어서 삼기문에 군대를 진주시킬 수는 없다. 그런데 663년 길대상이 귀국하여 174년이라는 세월이 흐르는 동안 그 자손들이 『속일본후기』에 보이는 것처럼 자기들의 시조 염수진이 원래 '대왜인'이었다고 주장하고 나선 것이다. 그 결과 염수진은 왜인이 되어버렸고 그가 진수했다는 임나의 삼기문은 백제 것이 아니라 일본 것이 되어버린 것이다. 염수진이 삼기문에 들어가서 진수하는 『신찬성씨록』의 기사가 이끼미(印岐彌)나 코세노오미(許勢臣) 등을 일본이 파견하는 모델이 될 수는 없는 것이다. 이끼미나 코세노오미가 어떻게 해서 백제에 고용되어 임나에서 활약하게 되었는가는 다음 장에서 서술할 것이다.

 외국 교과서에는 일본이 한반도 남부를 지배한 것처럼 서술되어 있다. 임나일본부 문제가 생겨나게 된 과정이 제대로 알려져 한일관계에 대해서 우리 스스로가 진실을 분명히 이해하고, 잘못된 교과서가 고쳐질 때 우리 역사에 대해서 스스로 자긍심을 갖게 되고 한국에 대한 외국의 인식도 한층 높아질 것이다. '임나' 문제는 학자들만의 문제가 아닌 우리 모두의 문제이다.

제4장

백제에서 벼슬한 왜인들은 어떤 사람들이었나

사신이 된 하인의 자손들

사람들은 막연하게 백제와 일본이 무엇인가 불가분의 관계에 있었다고 생각한다. 그리고 조금씩은 아는 체를 한다. 그러나 무슨 관계가 있었느냐고 물어보면 대답을 못한다. 일본 고대사를 공부하다가 재미있는 사실을 하나 발견했다. 6세기에 일본의 성과 이름을 가진 사람들이 적지 않게 백제에 와서 벼슬을 했다는 사실이다. 키(紀)씨, 모노노베(物部)씨, 시나노(科野)씨, 코세(許勢)씨, 아시끼따(葦北)씨, 호즈미(穗積)씨 등의 여러 씨족들이 그런 사람들이다.

백제가 군원(軍援)을 청하러 일본에 가는 사절단에 그들 중한두 사람씩은 꼭 끼였다. 그들이 사신으로 갈 때에는 반드시오경박사(五經博士) 등 학자와 불교 관계의 선진문물도 함께가지고 갔다. 그리고 돌아올 때에는 군원을 얻어서 돌아왔다.

따라서 그들이야말로 군사원조를 받고 그 댓가로 선진문물을 전해주던 백제와 일본 간의 특수한 용병관계의 주인공들이었다고 할 수 있다. 그들에 관한 기록을 보면서 일본 사람들이 말도 안 통하는 백제에 와서 어떻게 벼슬을 하였을까 하는 의구심을 지울 수가 없었다. 그러다가 마침내 그들이 원래 백제에서 건너갔기 때문에 아무 지장도 없이 백제에 와서 벼슬을 할 수 있었던 것이 아닐까 하는 생각이 들기 시작했다. 그래서 그들 씨족에 대해서 본격적으로 조사를 해보기로 했다.

키씨, 모노노베씨, 시나노씨, 코세씨, 아시끼따씨, 호즈미씨 등 이른바 일본계 백제 관료들에 대해서는 한반도를 정벌하러 왔던 사람들의 자손이 백제에 귀화했다는 설(説)이 지배적이었다. 그래서 모국(母國)의 유력 호족들과 가졌던 친분관계를 바탕으로 일본과 맺을 관계를 유리하게 이끌기 위해서 사신으로 파견했다는 주장이다. 그러나 일본계 백제 관료가 배출되기 이전에 한반도에 온 군인이나 사신이 열한 씨족이었는데 그중에서 이른바 일본계 백제 관료를 배출한 씨족은 키씨와 모노노베씨의 두 씨족밖에 없다. 따라서 일본계 백제 관료는 그 전시대에 한반도를 정벌하러 왔던 호족들의 자손이라는 주장은 설득력이 없다. 그렇다면 일본계 백제 관료는 다른 이유로 백제에 왔다고 설명할 수밖에 없다.

일본계 백제 관료들 중에서도 활약이 두드러진 씨족 중의 하나가 시나노(科野)씨이다. 지금은 사과의 산지로 유명한 나가노현(長野縣)의 옛 이름인 시나노(科野)라는 지명을 씨로 사용했는데, 당시에 활약한 대표적인 인물로는 시나노(斯那奴), 아히다(阿比多), 시덕(施德) 시나노차주(科野次酒), 상부나솔(上部奈率) 시나노신라(科野新羅) 등을 들 수 있다. 그런데 시나노(나가노)는 1998년에 동계올림픽이 개최된 곳이고 등산가들에게는 널리 알려진 북(北)알프스가 있는 내륙의 산악지대에 자리를 잡고 있다. 따라서 한반도나 외국과 교류를 할 수 있는 위치가 아니다. 그런 내륙 산악지대 출신들이 백제에 와서 벼슬을 하고 백제와 일본의 관계를 중재했다는 사실이 신기하기만 했다. 그래서 먼저 시나노씨의 근거지부터 조사하기 시작했다.

시나노씨에 관한 논문을 찾아보았더니 지금은 이미 고인(故人)이 된 토오꾜오대학(東京大學) 일본사 교수로서 일세를 풍미했던 사까모또 타로오(坂本太郎)의 연구가 있었다. 사까모또 교수는 먼저 시나노씨의 활약상이 당시 중앙정부에서는 전혀 보이지 않는 것으로 보아 그들이 유력한 중앙의 호족이었을 리가 없다고 단정한다. 따라서 시나노씨는 당시 일본에서 백제에 파견한 사신들을 따라간 하인들의 자손일 것이라고 추정하였다. 그런데 백제가 일본에 대한 외교를 유리하게 이끌기 위해서 그들을 사신으로서 일본에 파견했다는 것이다.

시나노씨가 유력한 호족이었다면 일본에 대한 외교를 유리하게 이끌기 위해서 그 자손들을 사신으로 파견했다고 볼 수도 있다. 그러나 하인의 자손들을 군사원조를 얻기 위해서 파견하는 사신으로 등용했다고는 생각되지 않았다. 그래서 정말 그들이 하인 출신이었는지 아니었는지를 알아보기로 했다. 먼

저 시나노씨들이 백제에 와서 벼슬을 했다면 무엇인가 백제와
맺은 인연이 남아 있지 않을까 하고 생각했다. 그래서 시나노
와 백제, 나아가서는 시나노와 한반도의 관계부터 조사해보기
로 했다.

일본 사람들을 극락으로 인도하는 젱꼬오사

나가노현의 원래 이름은 시나노(科野)이다. 그리고 시나노
라는 이름은 지금의 젱꼬오사(善光寺)를 중심으로 하는 북부
시나노와 동부 시나노에서부터 발생하였다. 시나노에는 4세기
말에서 5세기에 걸쳐 만들어진 것으로 추정되는 카와야나기(川
柳)장군총과 모리(森)장군총이 있다. 지금은 관광객을 끌어들
이기 위해서 아주 훌륭하게 꾸며놓았다. 그 고분들에서는 거울
등 대륙에서 건너간 유물들이 나왔다. 그렇다면 시나노 사람들
이 4~5세기부터 대륙과 교류했다는 이야기이다.

한편 시나노에서는 백제와 고구려 사람들의 집단이주를 시
사하는 5세기에서 6세기에 걸친 합장식(合葬式) 석실과 적석총
(積石塚)이 오오무로(大室)고분군을 중심으로 1,300여기나 남
아 있다. 그리고 한반도 사람들과 관련이 있는 하지끼(土師器)
나 스에끼(須惠器)의 도요지(陶窯地)도 적지 않게 발견될 뿐만
아니라 한반도 사람들의 이주를 시사하는 카라이누향(辛犬鄕,
한국 개동네, '辛'과 '韓國'의 일본어 발음은 같다) 등의 지명도 남아
있다. 따라서 시나노지역에는 적어도 5세기부터는 백제나 고구
려 사람들이 이주해서 살았음을 알 수 있다. 『속일본기(續日本

記)』(797년 완성)에도 엔랴꾸(延曆) 18년(799)에 시나노 사람 게루진노(卦婁眞老)·후부흑족(後部黑足)·전부흑마려(前部黑麻呂)·상부풍인(上部豊人) 등 고구려나 백제의 성을 가진 사람들에게 일본의 성을 하사하는 내용이 있어 고구려나 백제 사람들이 일찍부터 시나노지역에 살고 있었음을 보여주고 있다.

일본 정부는 제2차 세계대전에서 패색이 짙어지자 험준한 산이 많은 시나노의 마쯔시로(松代) 지하에 총사령부를 만들려고 했다. 그때 수많은 한국 사람들이 동원되었다. 시나노는 현대에 들어와서도 한국과 맺은 인연을 끊지 못하고 있는 것이다.

시나노가 백제에서 건너간 사람들이 일찍부터 자리를 잡고 살던 곳이라면 시나노에서 백제로 건너와 벼슬을 하던 사람들은 백제에서 건너간 사람들의 후예라고 해도 좋을 것이다. 백제에서 건너간 사람들의 후손이기 때문에 일본 조정에 출사(出仕)한 자가 없으면서도 백제에 와서 벼슬하는 사람이 있었고 언어 때문에 불편한 일 없이 생활할 수가 있었던 것이다.

일본계 백제 관료들의 역할이 선진문물을 갖다주고 군원을 얻어오는 역할이었다면 당시 시나노에서는 무엇을 가져왔을까 싶어서 조사해봤다. 그랬더니 놀랍게도 시나노는 고대에 유명한 말[馬]과 활[弓]의 산지였다. 특히 말의 산지로 유명해서 고대에 군목장이 있었다는 사실이 근년에 알려졌다. 화산재로 뒤덮였던 군목장을 발굴하자 그 밑에서 수많은 말 발자국이 발견되었고 그 말 발자국의 수로 추정해보면 군목장에서 키우던 말은 5만두(頭)에 이르렀다는 설도 있다. 당시 일본이 백제에게 제공한 가장 중요한 품목 중의 하나가 말과 화살[箭]이었던 점으로 볼 때 일본이 백제에게 제공한 적지 않은 말과 화살은 시나노에서 생산된 것이었음을 알 수 있었다.

그러면 백제가 시나노산(産)의 말이나 화살을 받고서 그 보답으로 제공한 선진문물은 무엇이었을까. 그것을 조사해보다가 나는 깜짝 놀라고 말았다. 『일본서기(日本書紀)』 552년 기록에는 백제의 성왕(聖王, 재위 523~54)이 보낸 석가금동불(釋迦金銅佛)을 봉안(奉安)했더니 "나라에 질병이 유행하여 사람들이 요절했다. (…) 관(官)에서 불상을 오오사까(大坂)의 호리강(堀江)에 버렸다"라고 되어 있다. 그러나 『부상략기(扶桑略記)』 552년 기록에 인용된 「혹본(或本)」과 「젱꼬오사연기(善光寺緣起)」에는 오오사까의 호리강에 버린 불상을 건져서 봉안한 것이 젱꼬오사에 있는 아미타불상(阿彌陀佛像)이라고 되어 있는 것이다.

젱꼬오사가 있는 나가노현은 일찍부터 백제에서 건너간 사람들이 자리를 잡고 살던 곳이다. 그리고 '젱꼬오사(善光寺)'의 '선광(善光)'은 다름아닌 백제의 마지막 왕인 의자왕(義慈王, 재위 641~60)의 아들로 일본에 정착하여 '백제왕(百濟王)'씨의 시조가 된 사람의 이름이다. 백제왕씨는 일본에 정착한 백제계 씨족 중에서도 가장 저명한 씨족으로 선광의 증손인 백제왕 경복(敬福)은 토오다이사(東大寺) 대불의 도금에 필요한 황금 900량을 조달한 사람으로도 유명하다. 그렇다면 일찍부터 나가노(長野)에 자리잡고 있던 백제 사람들이 백제에서 최초로 보낸 불상을 봉안하고 있다가 백제가 망하자 왕자 선광의 이름을 따서 '젱꼬오사'라고 이름짓고 그 부처를 그대로 봉안해왔다는 이야기가 된다. 나가노시에 자리잡고 있는 이름 높은 젱꼬오사 본존(本尊)이 바로 백제가 군원의 댓가로 보내준 부처였던 것이다.

젱꼬오사의 본존은 오늘날 7년에 한 번 공개하는 비보(秘寶)로 보존되어 있다. 시나노와 백제의 깊은 인연을 알게 된 나는 유학 당시부터 젱꼬오사에 꼭 가보고 싶었다. 그러나 당시에는 돈도 없고 시간도 없어서 가보지 못하고 그냥 귀국했다. 그러다 1997년 젱꼬오사에 갈 기회가 찾아왔다.

옛날에 함께 공부한 지인(知人) 하나가 나가노현에 있는 신슈우교육대학(信州教育大學) 교수로 있었다. 1997년 연구년이 되어 일본에 가자, 내가 젱꼬오사에 관심이 많다는 것을 알고 그 친구가 꼭 한 번 오라는 연락을 해왔다. 잘 알다시피 젱꼬오사의 본존은 7년에 한 번 공개를 하는데 그해가 바로 그 본존을 공개하는 해로 4월 1일부터 5월 말까지 일반 공개를 하니 5월이 다 가기 전에 꼭 다녀가라는 전갈이었다.

시간을 벼르다가 5월 말경에 젱꼬오사 비보를 보기 위해서 출발했다. 젱꼬오사가 있는 나가노시에 도착해 보니 시내가 인산인해로 자동차가 꼼짝할 수 없는 상태였다. 깜짝 놀라서 마중 나온 친구에게 웬 사람들이 이렇게 많으냐고 물어봤더니 젱꼬오사 비보를 보러 온 사람들인데 벌써 500만명이 다녀갔다는 것이었다.

젱꼬오사(善光寺)의 본존불. 젱꼬오사의 '선광(善光)'은 백제 의자왕의 아들로 일본에 정착하여 백제왕씨의 시조가 된 선광과 같은 이름이다.

간신히 젱꼬오사에 도착해 보니 경내에는 이미 사람들이 꽉 들어 차 있어서 도대체 움직일 수가 없었다. 비보가 안치되어 있는 금당(金堂)에는 들어갈 엄두조차 낼 수 없는 상태였다. 그런데 경내의 한가운데에 큰 기둥이 하나 세워져 있고 그 기둥에 매여 있는 줄 하나가 금당 안으로 연결되어 있었다. 신기한 것은 금당 안에 들어가지 못한 사람들이 그 기둥을 만지면서 한 바퀴 돌고서는 그냥 돌아가는 것이었다. 같이 간 친구에게 어떻게 된 일인가 물었더니 '금당의 본존과 그 기둥을 줄로 연결시켜놓고서 본당에 못 들어가는 사람들이 본존 대신에 만져보게 하기 위해서 세워놓은 기둥'이라는 것이었다. 극락에 가기 위해서 젱꼬오사 본존을 보러 왔다가 금당에 들어갈 수 없게 되자 본존과 연결시켜놓은 경내의 기둥이라도 만져보고 가려는 사람들 때문에 경내가 난리였던 것이다. 시나노까지 왔다가 본존을 볼 수 없게 되자 기둥이라도 한번 만져보고 가려는 일본 사람들의 심정이 이해가 되기도 했다. 과연 일본 사람다운 발상이다 싶어서 고소를 금치 못했다. 일찍이 일본에 건너가 살던 백제 사람들의 중심지였고, 조국 백제의 멸망에 비통해하던 왕자 선광의 추모지였으며 백제에서 최초로 보내준 아미타불이 봉안되어 있는 시나노 젱꼬오사가 지금은 일본 사람들이 극락으로 가기 위한 입구로서 북새통을 이루고 있었던 것이다.

한국에서 온 신
사실 일본과 한반도의 관계에서 가장 많이 등장하는 씨족은

7년에 한 번 공개하는 나가노 젱꼬오사의 본존불을 보기 위해 몰려든 인파.

시나노(科野)씨가 아니라 키(紀)씨이다. 관료로서는 542년의 기신나솔미마사(紀臣奈率彌麻沙)만 보이지만 임나(任那) 경영에 중심적인 역할을 한 키노이하히노스꾸네(紀生磐宿禰), 임나가 멸망했을 때 구원 책임자로 등장하는 키노오노마로스꾸네(紀男麻呂宿禰) 등 임나 경영에 가장 많이 등장하는 씨족이 그들이다. 키씨에 대해서도 먼저 그 본거지에 대해서 조사해보기로 했다.

키씨의 본관지인 키이(紀伊)는 지금의 와까야마현(和歌縣)의 키노천(紀川) 유역이다. 그런데 키노천 좌안(左岸)의 나꾸사군(名草郡)에는 6세기가 되면 대부분이 횡혈식(橫穴式) 석실을 갖춘 이와바시센쯔까(岩橋千塚) 고분군이 등장한다. 이와바시센쯔까 고분군은 키씨가 남긴 고분이다. 그런데 고구려에 원류(源流)가 있는 횡혈식 석실을 갖고 있는 이와바시센쯔까 고분군에서는 마구(馬具)나 스에끼(須惠器) 등 한반도 관계의 부장품이 수도 없이 나오고 있다. 『일본서기』에는 키씨가 한반도 경영에 많이 관여한 것으로 되어 있다. 따라서 일본 학자들은 키씨의 본거지에서 나오는 한반도 관계 유물은 키씨가 한반도를 경영하는 과정에서 가져온 전리품 정도로 생각해왔다.

그러나 고고학적으로 보면 그렇게 엄청난 한반도 관계 유물이 나온다는 것은 한반도 사람들이 집단으로 이주한 곳이기 때문에 가능한 일이지 한두 사람이 한반도 경영에 관여했다고 해서 가능한 이야기는 아니다. 더구나 키씨가 중심이 되어서 일본이 한반도 남부를 지배했다는 설은 이미 설자리를 잃은 지 오래다. 그래서 키씨의 근거지를 중심으로 한반도 사람들이 이주한 흔적을 추적하기 시작했다.

9세기에 만들어진 『풍토기(風土記)』에는 "옛날에 고구려 사람들의 집단이 한국에서 와서 처음에 키이국(紀伊國) 나꾸사군(名草郡) 오오따촌(大田村)에 이르렀다"고 되어 있다. 키씨의 근거지이고 이와바시센쯔까 고분군이 자리잡고 있는 나꾸사군에 일찍부터 한반도 사람들이 이주해서 살고 있었다는 이야기이다. 이는 키씨가 한반도에서 건너간 사람들이라는 사실을 극명하게 보여주는 것이고, 키씨가 한반도에서 건너간 사람들이라는 확신이 섰다.

일본 신화에 의하면 천상에서 쫓겨난 스사노오노미꼬또(素殘鳴命)가 아들인 이이따께루노미꼬또(五十猛命)를 데리고 신라의 소시무리(曾尸茂利)에 내려왔다가 뒤에 일본의 이즈모(出雲, 지금의 시마네현島根縣)로 건너갔다. 이 신화의 내용은 신라 사람들이 이즈모지방으로 집단이주한 사실을 반영하는 것이고, 이는 이미 고고학적으로 입증되었다. 그런데 이이따께루노미꼬또는 키씨가 주인공 노릇을 하는 키이국의 대신(大神)이 되어 있었다. 범상한 일이 아니라는 생각이 들었다.

와세다대학(早稻田大學)의 미즈노 유우(水野祐) 교수는 이즈모와 신라의 교류를 혈액, 민속학, 신화, 고고학적으로 검토하여 입증하였다. 이즈모에 이주한 신라계는 신라신인 스사노오노미꼬또를 공동체의 조상신(祖上神)으로 했다는 것이다. 그래서 이즈모에는 스사노오노미꼬또를 제신(祭神)으로 받드는 하야따마신사(速玉神社), 카라꾸니이다떼신사(韓國伊達神社), 카따신사(加多神社) 등을 비롯하여 한국과 관련이 있는 신사나 지명이 많다는 것이다. 그리고 『삼국유사(三國遺事)』에 연오랑이 세오녀를 쫓아 건너갔다는 곳도 바로 이즈모이다. 그런데 이들과 똑같은 지명과 신사가 키이국에도 있다는 것이다. 하야따마신사, 다떼신사(伊達神社), 카다신사(加太神社) 등이 그것이다. 게다가 스사노오노미꼬또의 아들인 이이따께루노미꼬또가 한반도에서 이즈모를 거쳐서 키이국의 대신이 되어 있다는 것이다. 따라서 한반도 사람들이 키이국에 이주했다는 사실은 신화와 고고학적으로도 입증이 되는 셈이다. 그러나 키씨가 한반도에서 건너갔다는 결정적인 증거는 되지 않는다.

유명한 호족들은 대개 조상신을 모시는 신사를 가지고 있다. 그래서 키씨의 조상신을 추적해보면 키씨가 한반도에서 갔다는 어떤 결정적인 증거를 찾을 수 있지 않을까 하는 생각이 들었다. 키씨의 조상신은 키이국의 대신(大神)으로 추정되는 히노꾸마신사(日前神社)의 쿠니까까스신(國懸神)이다. 일본 4대 신사 중의 하나인 히노꾸마신사에 모셔져 있는 이 신은 보통 '쿠니까까스신'이라고 불린다. 그런데 『일본서기』의 필사본을 조사해나가다가 우연히 그중의 하나에는 '쿠니까까스신'이 아니고 '카라꾸니까라노까미'라고 씌어져 있는 것을 발견했다. 그 순간 멍하니 앞이 캄캄해지는 것 같았다. 너무나 놀라운 사실을 발견했기 때문이다. '카라꾸니까라노까미'는 우리말로 '한국에서 온 신'이라는 뜻이다. 키씨의 조상신이 한국에서 건너간 신이었던 것이다. 그렇다면 키씨는 한반도에서 건너간 사람들의 후예라는 이야기이다. 어찌 놀라지 않을 수 있었겠는가. 그런데 키노오미(紀臣)가 『고사기(古事記)』에는 "키노오미(木臣)"라고도 표기되어 있어서 키씨의 '기(紀)'자가 원래는 '목(木)'자로도 표시되었음을 보여주고 있다. 기(紀)와 목(木)은 일본 음(音)으로는 모두 '키'로 발음된다. 목씨는 백제의 대성(大姓)이고 『일본서기』에도 등장한다. 여러 정황으로 볼 때 키씨는 백제에서 건너간 목씨임이 분명하다.

쿠다라끼(百濟來)의 일라(日羅) 일족

일본계 백제 관료 중에서 그 행적이 가장 뚜렷한 사람은 아시끼따군 일라(葦北君日羅)라는 인물이다. 고대 일본에서는 우리나라와는 달리 씨(氏)와 성(姓)이 따로 있었다. 아시끼따군 일라의 아시끼따(葦北)는 지명에서 온 씨이고, 군(君)은 수장에서 전환된 성(姓)이다. 그리고 일라(日羅)가 이름에 해당한다.

일라는 537년에서 583년까지 46년 동안이나 백제에 와서 벼슬을 한 사람이다. 그런데 『일본서기』에는 그가 백제에 와서 벼슬을 하게 된 경위가 서술되어 있다. 기록에는 "셍까천황(宣化天皇, 재위 536~39) 때에 나의 주인 오오또모노까나무라오무라지(大伴金村大連)가 국가를 위해서 백제에 보냈던 히노아시끼따국(火葦北國) 미야쯔고(造) 아리시또(阿利斯登)의 아들인 신(臣) 달솔일라(達率日羅)가 천황의 부름을 받고 내조했다"라고 되어 있다. 요지는 셍까천황 때에 주인인 오오또모노까나무라오무라지의 명에 따라서 백제에 가서 관료가 되었다는 내용이다.

그런데 일라가 자기의 주인이라고 한 오오또모노카나무라오무라지의 아들인 사떼히꼬(狹手彦)는 셍까천황 때인 537년에 백제를 돕기 위해서 내한(來韓)한 적이 있는 인물이다. 따라서 히노아시끼따국(火葦北國)의 미야쯔고(造, 국을 통치하는 장관)인 아리시또(阿利斯登)의 아들 일라는 사떼히꼬와 함께 537년에 백제에 왔다가 583년 귀국할 때까지 46년간 백제에서 관료로 달솔까지 승진하면서 활약했던 셈이다.

『일본서기』 529년 기록을 보면 임나의 왕이었던 아리시또(阿利斯等)라는 인물이 신라의 침입을 저지하기 위해서 도일하여 오오또모노까나무라(大伴金村)를 통해서 일본 조정에 구원을 청한 것으로 되어 있다. 그러므로 임나의 왕 아리시또는 오오또모노까나무라와 특별한 관계였고 반신라적인 인물이었음을 알 수 있다. 그런데 달솔 일라의 아버지인 아리시또(阿利斯登)는 임나의 왕인 아리시또(阿利斯等)와 이름이 같을 뿐만 아니라 오오또모노까나무라를 주인으로 섬기는 특별한 관계까지도 같았다. 그리고 신라와 싸우는 백제를 지원하기 위해서 아들인 일라를 파견한 반신라적인 인물이라는 점까지도 같다. 한편 일라가 46년간이나 백제에서 활약한 사실로도 그가 백제에 온 537년경에는 청년이었음을 알 수 있다. 따라서 그의 아버지인 히노아시끼따국의 미야쯔고 아리시또도 아들을 백제에 보낸 537년경에는 왕성하게 활동하던 시기로 볼 수 있다. 반면에 임나의 왕인 아리시또는 일본에 왔던 529년을 전후해서 한반도에서 활약하였다. 따라서 일라의 아버지인 히노아시끼따국의 미야쯔고 아리시또와 임나의 왕인 아리시또는 이름이나 성격뿐만 아니라 활동한 시기도 한반도와 일본에서의 선후는 있지만 거의 일치한다. 따라서 두 사람은 같은 인물이라고밖에 생각할 수 없다.

일라의 아버지인 아리시또와 임나의 왕인 아리시또의 관계에 대해서 일본 학계에서는 히노아시끼따국의 미야쯔고였던 아리시또가 한반도에 건너와서 임나의 왕이 되었고, 그가 바로 임나의 왕으로 등장하는 아리시또라고 주장하고 있다. 그러나 임나의 왕인 아리시또가 529년에 한반도에서 마지막으로 모습을 보인 반면에 히노아시끼따국의 아리시또는 537년에 일본에서 처음으로 모습을 드러낸다. 따라서 일라의 아버지인 히노아시끼따국의 아리시또와 임나의 왕인 아리시또가 동일 인물이라고 한다면 활약한 시기의 순서로 보아서 당연히 임나의 왕인 아리시또가 일본에 건너가서 히노아시끼따국의 미야쯔고가 되었다고 보는 것이 타당하다. 그럼에도 불구하고 지금까지는 히노아시끼따국의 아리시또가 한반도에 건너와서 임나의 왕이 되었다는 주장을 누구도 잘못되었다고 생각하지 못했다. 그사이 일본이 한반도 남부를 지배했다는 설은 굳어갔던 것이다.

아리시또(阿利斯等)가 도일해서 아리시또(阿利斯登)가 되었다면 도일한 시기는 아리시또가 한반도에서 마지막으로 보이는 529년에서 아리시또가 일본에서 최초로 보이는 537년 사이일 것이다. 그 529년과 537년 사이인 532년에 한반도에서는 금관

가야(金官伽倻, 김해)가 신라에게 멸망한다. 신라가 금관가야를 통합하려고 하기 전에도 신라에 대항해서 구원을 청하려 도일한 적이 있는 아리시또로서는 금관가야가 멸망한 것을 보고 그대로 있을 수는 없었을 것이다. 따라서 아리시또가 도일한 것이 529년에서 537년 사이라면 그의 도일은 금관가야가 멸망한 것이 계기가 되지 않았을까 짐작해본다.

아리시또의 임나에서의 지위로 보나 일본에 건너간 후의 지위로 보나 그의 일본 이주는 일족을 거느린 집단이주였을 것이다. 그런데 그가 정착한 아시끼따(葦北)의 진(津)은 608년에 백제인 승속(僧俗) 85명이 표착(漂着)한 곳으로 그곳이 한반도에서 건너가기 쉬운 곳이었음을 짐작할 수 있다. 아리시또 일족이 정착한 곳은 지리적으로 한반도 사람들이 이주하기 쉬운 곳이었다는 이야기이다.

사람은 죽으면 누구나 고향에 묻히기를 원한다. 그래서 일라가 죽은 뒤에 어디에 묻혔는지를 추적하기 시작했다. 『일본서기』에는 일라가 죽은 뒤에 그의 일족이 일라를 고향인 히노아시끼따국으로 옮겨서 장사를 지냈다고만 되어 있었다. 그래서 히노아시끼따국의 어디에 묻혔는지 좀더 자세히 알아봤다. 그랬더니 『비후국지(肥後國志)』에 일라의 무덤이 히노아시끼따국 부근인 지금의 쿠마모또현(熊本縣) 야시로군(八代郡)의 쿠다라끼(久多良木)에 있다고 자세히 씌어 있었다. 그리고 쿠다라끼(久多良木)를 옛날에는 '쿠다라끼(百濟來)'라는 글자로 썼다고 되어 있었다. 그때 느꼈던 감격은 지금도 잊을 수가 없다. 며칠을 굶어도 배가 고프지 않을 것 같았다. 일라의 묘가 있다는 쿠다라끼(久多良木=百濟來)는 '백제에서 왔다'는 뜻이다. 일라가 묻힌 고향은 백제에서 건너간 사람들이 사는 동네였던 것이다. 일라도 백제에서 건너간 사람들의 자손 중 한 사람이었던 것이다. 어떻게 흥분되지 않을 수 있었겠는가.

백제에서 관료로 근무한 왜인들은 백제에서 건너가서 호족이 된 씨족들의 자손이었다. 그렇기 때문에 언어의 장애 없이 백제에 와서 관료가 될 수 있었다. 그들은 백제의 관료로서 일본에 필요한 선진문물을 가져가고 그 대신 백제가 필요로 하는 군원을 가져왔다. 그러나 과거에는 일본이 한반도를 지배했다는 전제 때문에 하인의 자손이라든지 외정군(外征軍)의 자손이라는 잘못된 생각을 하였다. 그들이야말로 당시 일본과 백제의 용병관계에서 가교역할을 담당했던 주인공이었던 것이다.

제5장

아스까 산책

낙화암 고란사 벽화에 보이는 선신니(善信尼)

타께찌군(高市郡)은 나라현(奈良縣)의 중부에 자리잡고 있는데 코세(巨勢), 히노꾸마(檜前) 등 7개 향으로 구성되어 있고 그 일각을 차지하고 있는 것이 아스까(飛鳥, 아스까촌明日香村)이다. 아스까 하면 웬만한 한국 사람은 백제 사람들이 건너가서 일찍부터 자리를 잡았던 곳이고 백제계 유적이 도처에 남아 있는 곳이라는 정도는 알고 있다. 그러나 아스까에 대해서 아는 체를 하다가도 정작 백제계의 무슨 유적이 있었느냐고 물어보면 제대로 아는 사람이 많지 않다.

아스까는 아스까천(飛鳥川) 유역의 분지로 592년 스이꼬천황(推古天皇, 재위 593~628)이 토유라궁(豊浦宮)에서 즉위한 이래 710년 겜메이천황(元明天皇, 재위 707~15)이 헤이세이꾜오(平城京, 나라奈良)로 천도할 때까지 토유라사(豊浦寺), 호오꼬오사(法興寺), 카와라사(川原寺), 오까사(岡寺), 타까마쯔총(高松塚), 히노꾸마사적(檜隈寺跡), 이시부따이고분(石舞臺古墳) 등과 함께 이따부끼궁(板蓋宮), 기요하라궁(淨御原宮) 등 100여년에 걸쳐서 단속적으로 궁전이 조영된 곳이다.

그런데 『속일본기(續日本記)』(797년 완성)에는 772년 백제의 아지사주(阿知使主) 자손인 사까노오에노까리따마로(坂上刈田麻呂)가 "대개 타께찌군 내에는 히노꾸마이미끼(檜前忌寸) 및 17현의 인부들이 꽉 차서 거주한다. 타성(他姓)을 가진 자는 열에 한둘이다"라고 주장했다고 씌어 있다. 사까노오에노까리따마로와 그 아들 따무라마로(田村麻呂)는 헤이안시대(平安時代) 최대의 무장들로 그 동족인 야마또노아야(東漢)씨에 대해서 한 말이다. 그런데 타께찌군의 원래의 이름은 이마끼군(今來郡)이다. 이마끼군은 전에 온 사람들이 자리를 잡은 다음 새로 온 사람들이 자리를 잡고 함께 사는 군(郡)이라는 뜻이다. 그러니까 아지사주가 이끄는 17현의 사람들이 자리잡은 다음에 백제에서 새로이 간 많은 사람들이 다시 정주한 곳이라는 뜻이다. 백제 사람들이 일찍부터 자리를 잡고 주인노릇을 했던 곳으로 백제 사람들의 체취가 도처에서 느껴지는 곳이 아스까이다. 그래서 백제의 영향을 받은 문화가 아스까를 중심으로 꽃을 피우게 되었다. 그게 바로 아스까문화이다.

기록상으로 아스까에 세워진 최초의 사원은 토유라사(豊浦寺)이다. 토유라사는 사꾸라이사(櫻井寺) 또는 오하리다사(小墾田寺)라고도 한다. 아스까(明日香)촌 토유라에 유적지가 남아 있는 일본 최초의 이사(尼寺)이기도 하다. 552년 백제 성왕(聖王, 재위 523~54)이 달솔(達率) 노리사치계(怒唎斯致契)를 시켜서 보낸 금동불상을 소가이나메스꾸네(蘇我稻目宿禰) 대신(大臣)이 토유라의 자기 집에 안치한 데서 비롯됐다. 일본 천황이 군신들에게 백제에서 보낸 부처의 예배 여부를 묻자 대부분이 반대하는데 소가이나메스꾸네만 찬성하여 그에게 예배를 드리게 했다는 것이다. 소가이나메스꾸네는 계보상으로는 소가만지(蘇我滿智)의 증손이자 소가씨 권력을 확립한 소가노우마꼬(蘇我馬子)의 아버지이다. 그리고 요메이천황(用明天皇, 재위 586~87), 스슌천황(崇峻天皇, 재위 588~92), 스이꼬천황(推古天皇, 재위 593~628)의 외조부이기도 하다.

소가대신(蘇我大臣)은 무꾸하라(向原, 토유라촌)에 있는 자기 집을 깨끗이 치운 다음 절로 사용하였다. 그러나 나라에 역병이 유행하여 요절하는 백성이 많아지자 군신들이 반대하여 천황의 명으로 부처를 오오사까(大坂)의 호리강(堀江)에 흘려버렸다고 한다. 「젱꼬오사연기(善光寺緣起)」에 젱꼬오사의 아미타불이라고 기록되어 있는 부처가 바로 호리강에 흘려버린 부처를 다시 모신 것이라고 한다.

587년 6월에 선신니(善信尼) 등이 소가노우마꼬 대신에게 백제에 가서 계법을 배울 수 있도록 해달라고 간청해 소가대신이 다음해에 백제에서 온 사신에게 딸려 선신니 등 다섯 비구니를 유학보냈다. 유학을 마친 그들이 590년 3월에 귀국해서 거주하기 시작한 곳이 바로 토유라사이다. 부여의 낙화암 절벽 밑에 있는 고란사(皐蘭寺) 벽에 일본에서 비구니들이 도착하는 그림이 있는데 이 그림에 나오는 비구니들이 바로 이때 백제로 유학온 비구니들이다. 이사(尼寺)는 바로 백제 사람들이 자리를 잡은 곳에 백제에서 건너간 소가씨가 세우고 백제에서 유학한 비구니들이 수행을 시작한 절이다.

592년 소가씨의 외손인 스이꼬천황이 즉위한 곳이 토유라궁이다. 그때부터 아스까가 수도가 되었다. 그리고 소가노우마꼬의 아들이었던 소가노에미시(蘇我蝦夷) 대신도 토유라대신(豊浦大臣)으로 불렸다. 따라서 토유라는 소가씨나 백제와는 끊을 수 없는 인연이 있었던 곳이라고 할 수 있다.

백여명이 모두 백제의 옷을 입고

아스까사(飛鳥寺)는 강고우사(元興寺), 호오꼬오사(法興寺)라고도 불린다. 아스까사는 710년 헤이세이꾜오(平城京)로 천도한 다음 헤이세이 경내로 옮겨져서 강고우사로 불리게 되었다. 경내로 옮겨져서도 중요한 당탑(堂塔)은 그대로 남아서 본(本) 강고우사라고 불렸다. 그런 다음 1196년의 낙뢰로 소실된 뒤부터 아스까사는 쇠퇴하기 시작했다. 현재 남아 있는 본존은 당시 최대의 작가였던 백제계 도리(止利)가 만든 것으로 알려졌다. 근래의 발굴에서 탑의 기단이 호오류우사(法隆寺)의 기단과 거의 같은 크기임이 드러났다. 다이호오꼬오사(大法興寺)라는 표현으로 보아서 일본 초기의 사찰 중에서 규모가 가장 컸음을 짐작할 수 있다.

아스까사는 소가씨의 권력을 확립한 소가노우마꼬가 모노노베(物部)씨를 타도한 다음 백제에 요청해서 준공됐다. 『일본서기(日本書紀)』(720년 완성)에 의하면 우마꼬의 요청으로 백제가 588년에 불사리(佛舍利)와 승려 6명, 절 짓는 기술자(대량부태大良夫太·문가고자文賈古子), 주물박사(백매순白昧淳), 와박사(마나문노麻那文奴·양귀문楊貴文 등 4명), 화공(백가白加) 등을 보내자, 백제에서 건너간 사람들이 살던 집에 아스까사를 짓기 시작하여 596년에 완공했다고 한다.

그리고 605년에는 처음으로 동(銅)과 수(繡)로 장륙불상(丈六佛像)을 각각 한 구씩 만들었다. 당시 백제인 사마달(司馬達) 등의 자손인 쿠라쯔꾸리(鞍作) 토리(鳥)에게 명해서 동 2만 3천근, 금 759냥을 가지고 1척 6촌(약 48cm)의 불상을 만들어서 아스까사에 안치하게 했다. 이때 고구려의 대흥왕(大興王, 영양왕嬰陽王)이 황금 300량을 보냈다는 내용이 「강고우사연기(元興寺緣起)」에 나온다. 아스까사가 전적으로 백제의 지원 아래에 세워졌음은 와당이 부여 군수리(軍守里) 폐사(廢寺)의 것과 일치하는 데에서도 알 수 있다.

『부상략기(扶桑略記)』 스이꼬천황 593년 기록에는 "소가노우마꼬가 아스까에서 싸울 때 약속했던 바에 의해서 아스까사를 세웠다. 탑의 기둥을 세우던 날 소가대신과 100여명이 모두 백제의 옷을 입었다. 보는 자들이 모두 기뻐했다. 불사리를 탑기둥의 초석함에 넣어 안치했다"고 되어 있다. 백제가 지원해서 지은 소가씨의 씨사(氏寺)였던 것이다.

아스까사는 당시 국제교류의 장이기도 했다. 595년에 도일한 고구려의 혜자(慧慈)와 백제의 혜총(慧聰)이 머물렀고, 602년에 도일한 고구려의 승륭(僧隆)과 혜총(惠聰), 백제의 관륵(觀勒), 그리고 625년에 도일한 고구려의 혜자(惠慈) 등이 전부 아스까사에 머물렀다. 그중에서도 혜자(慧慈)는 20여년간 쇼오또꾸태자(聖德太子)를 가르치면서 고구려와 일본의 가교역할을 했다. 아스까사는 당시 복잡한 국제정세에서 일본이 한반도 각국과 교류하였던 장소이기도 했던 것이다.

시마(斯麻)의 무덤

아스까촌에 속칭 이시부따이고분(石舞臺古墳)이라고 불리는 무덤이 있다. 물이 없는 호를 두른 방분(方墳)이었는데 일찍이 봉토가 없어져 거대한 돌로 쌓인 횡혈실 석실이 노출되어 있다. '이시부따이'라는 속칭도 노출된 석실의 모양에서 유래한 것으로 그 석실의 크기가 일본 최대규모이다.

이시부따이고분은 거대한 돌을 쌓아서 만든 모양이 광개토왕릉(廣開土王陵)으로 알려진 장군총(將軍塚)을 연상시킨다. 이시부따이고분은 분구의 한 변의 길이가 51미터, 물이 없는 호 외측의 한 변이 85미터에 이른다. 널길〔羨道, 고분의 입구에서 널방에 이르는 통로〕은 길이 11.5미터, 폭 2.4미터, 높이 2.6미터이다. 그리고 널방〔玄室〕의 길이는 7.7미터, 폭 3.4미터, 높이 4.8미터이다. 또 고분의 천장석은 77톤에 이르러 당시 한반도에서 건너간 사람들의 선진기술이 아니고서는 축조가 불가능했다는

소가노우마꼬의 무덤으로 추정되는
이시부따이고분. 이 고분은 광개토
왕릉으로 알려진 장군총을 연상시
킨다.

사실을 알 수 있게 한다. 그리고 고구려척(尺)을 사용한 점도
한반도에서 건너간 사람들의 선진기술에 의해서 이루어졌음을
시사한다.

그런데 이시부따이고분은 당시 야마또(大和)정권의 최고 실
권자였고 아스까사를 조영한 소가노우마꼬(蘇我馬子)의 영향
아래 있던 지역이다. 소가노우마꼬는 소가씨 권력을 확립한 인
물로 한반도에서 건너간 기술자들을 비롯해서 타께찌군의 백제
출신들의 영수(領袖)이기도 했다. 따라서 이시부따이고분은 그

의 무덤으로 추정된다. 한반도 사람들의 기술로 만들어진 소가 씨의 무덤인 것이다.

아스까에는 이시부따이고분 이외에도 주선석(酒船石)·거북 〔龜〕·석인상(石人像) 등 석조유물이 많아서 아스까지역의 거석문화 성격을 엿보게 한다.

백제천·백제향·백제궁·백제사

『일본서기』 639년 기록에는 "금년에 대궁(백제궁)과 대사(백제대사)를 조영하겠다고 했다. 백제천(百濟川, 쿠다라천) 근처를 궁처로 하였다. 서쪽(서국)의 백성들은 궁을 짓고, 동쪽(동국)의 백성들은 절을 지었다. 후미노아따히 아가따(書直縣)를 건축기사의 장(長)으로 했다"고 조를 내려서 말했다고 되어 있다. 후미노아따히 아가따는 백제계 기술자이다.

642년에도 소가노에미시(蘇我蝦夷)에게 백제대사(百濟大寺, 쿠다라대사)를 완공시키기 위해 오오미(近江)와 코시(越) 양국의 인부를 동원하라는 명을 내리고 있는 기록이 보인다. 그리고 다시 그에게 "이 달에 시작하여 12월까지 궁실을 지으려 한다. 각국에 궁전의 재목을 가져오게 하라. 동은 토오쯔아우미(遠江)까지, 서는 아기(安藝)까지에 한하여 궁을 지을 장정을 징발하라"는 명을 하달했다.

백제천은 나라현 남부를 흐르고 있는 소가천(曾我川)의 옛 명칭이다. 그 백제천 근처에 세웠다는 백제궁(百濟宮, 쿠다라궁)은 킨떼쯔오오사까선(近鐵大阪線)의 야마또따까다역(大和高田

驛)에서 멀지 않은 옛날의 백제향(百濟鄕, 쿠다라향)에 세워졌다. 지금의 가시하라시(橿原市) 히다까죠오(飯高町)이다. 쇼메이천황(舒明天皇, 재위 629~41)이 백제궁으로 옮겨 자리를 잡는 것이 640년이다. 사실은 비다쯔천황(敏達天皇, 재위 572~85)이 쿠다라노오오이(百濟大井)에 궁을 지었다고 하는데 그 쿠다라노오오이궁도 바로 이곳이라는 설이 유력하다.

백제대사(百濟大寺)는 다이안사(大安寺)의 기원이다. 원래 백제대사는 쇼오또꾸태자가 창건했으나 쇼메이천황이 이때 백제천변으로 옮기고 백제대사라고 했다. 그뒤 헤이세이(平城)로 천도하면서 쇼오무천황(聖武天皇, 재위 724~48)의 명으로 다시 헤이세이로 옮기고 다이안사라고 한 것이다. 백제대사의 '대사(大寺)'는 사적인 절에 대한 일종의 관사로 당시 47개소가 있었다.

639년 백제궁과 백제사(百濟寺)를 조영하면서 동시에 "백제천변에 9층탑을 세웠다"고 되어 있다. 9층탑은 후일 백제사와 함께 소실되었다. 그런데 9층탑을 짓기 얼마 전인 632년 당에서 신라의 자장법사(慈藏法師)와 함께 공부한 것으로 알려진 승민(僧旻)이 당·신라에서 유학을 마친 다음 20여년 만에 귀국했다. 그가 신라를 거쳐서 귀국할 때 마침 황룡사 9층탑이 세워지고 있었다. 이 사실로 미루어볼 때 백제천의 9층탑은 황룡사 9층탑을 모델로 세워진 것 같다.

요컨대 백제계의 소가대신이 주관하여 백제천 근처에다가 백제 기술들이 세운 궁과 당탑이 백제궁이고, 백제사고, 9층탑

인 것이다. 어디를 가나 어느 것이나 소가씨의 발자취를 느낄
수 있는 것이다.

백제 예술의 최고 걸작

호오류우사(法隆寺)는 아스까문화의 중심지이자 보고이다.
호오류우사는 쇼오또꾸태자와 스이꼬천황이 쇼오또꾸태자의
아버지이자 스이꼬천황의 오빠인 요메이천황의 병이 낫기를 발
원하여 607년 완성했다고 한다. 그런데 호오류우사의 조영에는
아스까사를 짓기 위해서 건너간 백제 기술자들이 큰 역할을 했
을 것으로 보인다. 아스까사가 588년에 시작하여 596년에 완성
되었기 때문이다.

『일본서기』에는 670년에 호오류우사가 소실됐다는 기사가
보여 현재의 건물들이 재건된 것인지를 둘러싸고 1939년부터
논쟁이 있었다. 재건되지 않았다는 주장의 중요한 근거 중 하나
는 지금의 건물이 원래 고구려척을 사용하여 지었다는 사실이
다. 현재는 재건되었다는 설이 유력하지만 어쨌든 고구려척을
사용했다는 점에서도 한반도의 기술자들이 지었음을 짐작할 수
있다.

호오류우사는 서원(西院)과 동원(東院)으로 구별되는데 서
원은 금당(金堂)을 중심으로 5층탑, 중문, 그리고 대부분의 회
랑 등 아스까시대의 건축양식을 그대로 전해주는 세계 최고의
목조건축양식으로 유명하다. 동원 가람은 쇼오또꾸태자의 이까
루가궁(斑鳩宮)이 있던 자리로 몽전(夢殿)을 중심으로 예당(禮

호오류우사의 서원(西院) 전경(위). 서원은 아스까시대의 건축양식을 그대로 전해주는 세계
최고의 목조건축이다. 아래는 호오류우사에 있는 일본의 국보들. 왼쪽으로부터 백제관음상,
구세관음상, 타마무시즈시(玉蟲廚子).

堂), 사리전, 종루 등으로 되어 있으나 670년에 소실된 것으로 알려졌다.

호오류우사에는 일본의 많은 국보들이 있는데 그중에서도 서원의 금당·약사상(藥師像)·석가삼존상(釋迦三尊像)·사천왕상(四天王像) 등과 동원의 몽전·구세관음상(救世觀音像)·백제관음상(百濟觀音像)·타마무시즈시(玉蟲廚子, 비단벌레의 날개를 금의 섭새김에 박아넣은 궁전형의 감실龕室)·오중탑소상군(五重塔塑像群)·백만탑(百萬塔) 등이 대표적이다. 1949년 금당의 화재로 벽화가 실화되었다가 복원되었다. 8세기 초에도 불에 탔다는 설이 있고 그 이전에도 화재가 있었다는 설이 있다. 따라서 원화가 언제 그려졌는지는 알 수가 없고, 지금은 모조품만 남아 있다. 담징(曇徵)이 그렸다고 일컬어지는 금당의 벽화가 바로 이 벽화이다.

금당의 석가삼존상은 그 조형이 중국의 윈깡(雲崗, 중국 산시성山西省의 한 지역)이나 룽먼(龍門, 중국 허난성河南省의 한 지역)에서 볼 수 있는 전형적인 북위(北魏) 양식으로 광배(光背)에는 "623년 도리(止利)불사에 의해서 제작되었다"는 명문이 있다. 도리불사가 백제에서 건너간 사람임은 말할 것도 없다. 금당 동쪽 칸의 사천왕상 중의 '광목천상(廣目天像)'에는 "산구직대구(山口直大口)"라는 글자가 보이는데 그 역시 백제 아지사주(阿知使主)의 자손으로 알려져 있다. 그리고 '다문천상(多聞天像)'에는 "약사덕보(藥師德保)"라는 글씨가 보이는데 '약사'라는 것은 고구려계의 혜일(惠日)이 수(隋)에 가서 의술을 배웠기 때문에 주어진 성이다.

츄우구우사(中宮寺)에 보전된 천수국만다라수장(天壽國曼荼羅繡帳)의 그림이나 타까마쯔총(高松塚) 벽화도 한반도 사람이 그렸을 것으로 추측하고 있다. 그림이나 채색을 전해준 고구려 승(僧) 담징이 도일한 것이 610년이기 때문이다. 그리고 벽화의 양식이 서역→중국 뚠황(敦煌)→고구려라는 루트를 거쳤을 것으로 보여 고구려승 담징이 그린 것임을 방증해주고 있다.

백제에서 전래되었다고 일컬어지는 백제관음상(百濟觀音像)에서는 중국의 남조(南朝)→백제→일본이라는 루트가 엿보인다. 금속의 표면을 도려내고 남은 부분을 무늬로 나타내는 투조식금구(透彫式金具)의 제법에 대해서는 일본의 미술사학자이자 건축가인 세끼노 다다시(關野貞)가 "조선에서 고도로 발달한 수법으로 백제 예술의 최고 걸작"이라고 한 평을 빌릴 필요도 없이 백제에서 전래된 최고의 명품이다. 미국의 미술학자 페로스를 놀라게 했다는 구세관음상(救世觀音像)도 바로 이 '백제관음상'을 가리킨 것으로 그도 백제 미술의 걸작으로 평했다. 위덕왕(威德王, 재위 554~98)의 아들인 백제의 아좌태자(阿佐太子)가 그렸다는 쇼오또꾸태자의 초상도 보장전에 있다.

한마디로 호오류우사는 아스까문화를 농축하고 있고, 백제 문화의 진수를 보여준다고 할 수 있다. 부여나 공주에서 느껴볼 수 없는 백제의 숨결이 그대로 느껴지는 곳이다.

아스까에 있는 타까마쯔총의 서쪽 벽에 그려진 벽화(부분). 등장하는 여인들의 복식 등으로 볼 때 고구려의 영향을 받았음을 알 수 있다.

평양에서 관측된 별자리

타까마쯔총(高松塚)도 아스까에 있다. 무령왕릉(武寧王陵) 이 발견된 다음해인 1972년에 발굴된 타까마쯔총은 횡혈식 석실분으로 천장에 별자리가 그려져 있다. 그리고 동벽에는 해와 청룡, 남녀 각 4명의 인물군상, 서벽에는 달과 백호, 남녀 각 4명의 인물군상, 북벽의 중앙에는 현무가 그려져 있다. 석곽 내

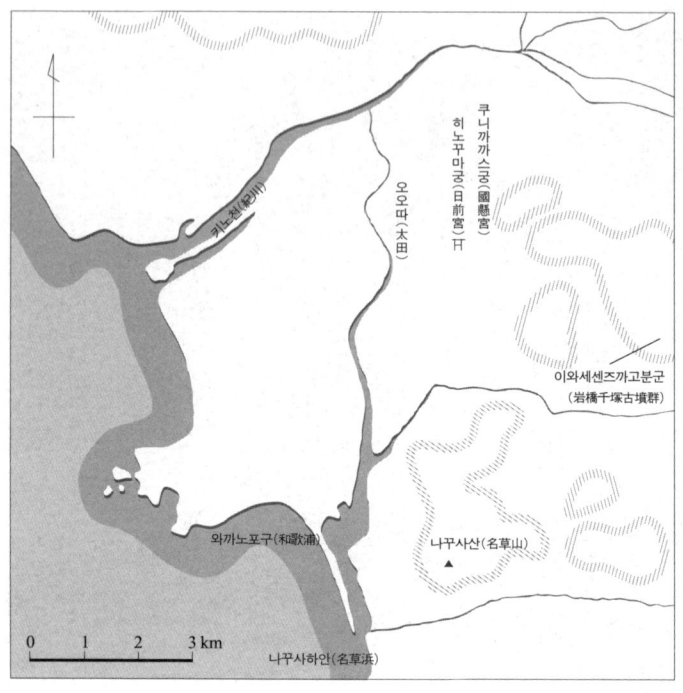

와까야마(和歌山) 지도. 와까야마에 있는 히노꾸마신사에는 '쿠따라까라노까미'가 모셔져 있는데, 이는 '한국에서 온 신'이란 뜻이다.

에 별자리, 해와 달, 4신, 남녀 인물군상을 그린 고분벽화는 일본에서 처음 발견되어 국가의 중요 사적으로 지정되어 있다. 그런데 타까마쯔총 천장의 별자리는 근년에 발견된 키또라고분(キトラ古墳)의 별자리와 더불어 그 각도를 계산해보면 평양에서 관측된 것과 일치한다. 특히 키또라고분은 처음 발견되었을

때 바로 개봉하면 내부가 변질될 것을 염려해서 먼저 고분에 구멍을 뚫고 소형 카메라를 집어넣어 조사를 한 다음 개봉했다. 우리나라에서도 최신 기법으로 진행된 키토라고분의 개봉에 대해 신문에서 대서특필한 적이 있다.

일본에 남아 있는 그외의 백제의 숨결

타께찌군(高市郡)에 히노꾸마향(檜隈鄉)이 있고 그곳에는 백제계인 히노꾸마이미끼(檜前忌寸)씨가 많이 살고 있었다. 그렇다면 히노꾸마사적(檜前寺跡)도 백제계 사람들과 무관할 수 없을 것이다. 와까야마현(和歌山縣)에 히노꾸마(日前, 檜隈)신사가 있고 거기에 모셔져 있는 신이 쿠다라까라노까미(한국에서 온 신)인데 백제계 키씨(紀氏)의 조상신이다. 이런 면에서는 히노꾸마라는 지명 자체가 한반도와 무관하지 않을 지도 모른다.

그밖에도 아스까에는 663년 백촌강싸움에 군대를 파견했던 텐지천황(天智天皇)의 칙원사(勅願寺)라는 카와라사(川原寺), 텐지천황이 오까궁(岡宮)을 백제계의 승정이었던 의연(義淵)에게 하사했다는 오까사(岡寺) 등이 있다.

아스까에 남아 있는 유적 중에는 백제 사람들과 관계가 없는 유적이 없을 정도이다. 어디를 걸어도 백제 사람들의 숨결이 느껴진다. 그 땅에 살던 사람 열에 여덟아홉이 백제 사람들이었으니까.

2부

백촌강싸움

김춘추는 무엇을 노리고 일본으로 건너갔는가

일본은 왜 백촌강에 2만 7천의 대군을 보냈는가

국민통합의 총본산 토오다이사

백제의 피를 받았다는 캄무천황은 누구인가

일본은 신라와 어떻게 화해했나

제1장

김춘추는 무엇을 노리고 일본으로 건너갔는가

인질로 끌려간 김춘추

다이까개신(大化改新)과 메이지유신(明治維新)은 일본 역사상 가장 중요한 사건이다. 645년의 다이까개신은 당(唐)을 모방하여 율령국가를 건설한 사건이고, 1868년의 메이지유신은 서구를 모방하여 근대화에 성공한 사건이기 때문이다. 사실 다이까개신은 한국과 관계가 깊다. 그러나 어찌된 셈인지 한국에서는 메이지유신에 대해서는 잘 알고 있으면서도 다이까개신에 대해서는 잘 모르고 있다.

다이까개신은 당시 일본에서 실권을 장악하고 있던 백제계의 소가노에미시(蘇我蝦夷)와 소가노이루까(蘇我入鹿) 부자를 타도하고 천황을 중심으로 한 율령국가를 건설하기 위해서 일으킨 사건이라고 알려져왔다. 그러나 『일본서기(日本書紀)』에는 다이까개신 직후 개신정권의 핵심인물인 타까무꼬노꾸로마

로(高向玄理)가 신라에 와서 김춘추(金春秋)를 대동하고 건너
간 것으로 기록되어 있다. 따라서 다이까개신은 율령국가를 건
설하기 위한 사건이라기보다는 신라계가 백제계의 소가(蘇我)
씨를 타도한, 대외관계의 마찰에서 일어난 사건이 아닐까 하는
의구심을 일으키게 한다.

다이까개신을 성공적으로 이끈 중심적인 인물은 나까또미노
까마따리(中臣鎌足)다. 그는 다이까개신 때의 공을 인정받아서
후지와라(藤原)라는 성을 하사받았다. 그후 후지와라씨는 일본
최고의 귀족으로서 1868년 메이지유신이 일어날 때까지 1천여
년간 부귀영화를 누린다. 일본을 방문하면 으레 나라(奈良)를
방문하고, 나라를 방문하면 꼭 들르는 곳이 서로 이웃하고 있는
토오다이사(東大寺)와 카스가신사(春日神社)이다. 일본의 가장
대표적인 절과 신사이기 때문이다. 그 카스가신사가 바로 나까
또미노까마따리의 조상신이자 후지와라씨의 조상신을 모시는
곳이다. 카스가신사를 보면 화려했던 후지와라씨의 면모를 엿
볼 수 있다. 그 전성기 때 전국 장원(莊園)의 12분의 1을 소유한
위용을 보여주고 있기 때문이다.

그렇기 때문에 일본에 대해서 이야기하면서 나까또미노까마
따리의 이야기를 빼놓을 수가 없는 것이다. 몇년 전 백제와 일
본의 관계를 다룬 드라마에서 그가 백제에서 배를 타고 일본으
로 건너가는 장면이 방영된 적이 있다. 고대 일본의 것은 무엇
이든지 백제와 연결시키려다보니까 그런 말도 안되는 장면을
내보낸 것이다.

나까또미노까마따리는 신라와 불가분의 관계였던 인물이다. 까마따리가 소가노이루까를 살해했을 때 소가씨의 외손이었던 한 황자가 '한인'이 이루까를 죽였다고 한탄하는 대목이 나온다. 그 '한인'이 바로 까마따리였다. 그리고 나까또미(中臣)씨의 조상신이 신라계라는 이야기는 둘째치고 까마따리가 성장한 미시마(三島, 지금의 오오사까부大阪府의 동북부)는 신라인의 집단 이주지로도 유명한 곳이다. 그가 한반도와 관계가 있다면 그것은 틀림없이 신라와 관계가 있을 것이다.

까마따리를 도와서 개신에 관한 중요 정책을 입안한 타까무꼬노꾸로마로와 승민(僧旻)도 신라와 불가분의 관계였던 인물이다. 꾸로마로와 승민은 608년 함께 수(隋)로 유학을 떠났다가 각각 632년과 640년에 귀국하면서 신라에 들렀다. 그들이 신라에 얼마 동안이나 머물렀었는지는 알 수 없으나 신라가 송사(送使)를 시켜서 이들을 정중하게 귀국시켜주었다. 승민은 수가 멸망하고 들어선 당(唐)에서 신라의 자장법사(慈藏法師)와 함께 유학한 사람으로 귀국해서 신라의 황룡사 9층탑을 모방하여 백제천(百濟川, 쿠다라천) 주변에 9층탑을 세우도록 건의한 인물이기도 하다. 여러 정황으로 보아 꾸로마로와 승민은 신라에 머무르는 동안 이미 김춘추 등과 대면하였을 가능성이 크다.

소가씨를 타도하고 들어선 개신정권의 핵심인물들은 하나같이 신라와 관계가 깊었다. 게다가 개신정권의 핵심인물인 꾸로마로가 신라에 왔고 이유는 알 수 없지만 김춘추가 그를 따라서 도일했다. 만약 김춘추가 꾸로마로를 따라서 일본에 갔다면 이

는 범상한 일이 아니다. 김춘추는 당시 신라의 실력자였을 뿐만
아니라 외교적인 수완을 발휘하여 삼국을 통일한 인물이기 때
문이다.

『일본서기』 646년 9월 기록에는 "박사 타까무꼬노꾸로마로
를 신라에 보내서 인질을 바치게 하고 임나(任那)의 조(調)를
그만두게 했다"고 되어 있다. 개신이 시작된 직후인 646년 9월
개신정권의 중요한 정책 입안자인 꾸로마로가 신라에 와서 인
질을 바치게 하고, 일본이 지배하던 임나를 빼앗은 댓가로 신라
가 바쳐오던 임나지역에 대한 조를 면제해줬다는 내용이다. 뒤
이어 647년 기록에는 "신라가 김춘추 등으로 하여금 박사 타까
무꼬노꾸로마로 등을 보내오고 공작 한 쌍, 앵무새 한 쌍을 바
쳤다. 김춘추를 인질로 하였다. 김춘추는 용모가 아름답고 이야
기를 잘 하였다"라는 요지의 글이 보여 꾸로마로가 647년 김춘
추를 인질로 데리고 간 것으로 되어 있다. 그러나 어찌된 일인
지 우리나라의 사서(史書)에는 김춘추의 도일에 관한 기사가
전혀 소개되어 있지 않다. 사실 김춘추에 관한 기록뿐만 아니라
일본에 관한 중요기록이 거의 빠져 있다.

김춘추가 인질로 잡혀갔다는 내용에 대해서는 두 가지 견해
가 있다. 하나는 인질이라는 것은 일반적으로 왕자 등 상징적인
인물을 보내는 것인데 김춘추는 당시 신라 최고의 실력자였고,
따라서 인질이 될 수 없으므로 647년 기록은 날조되었다는 설
이다. 다른 하나는 『일본서기』에 씌어져 있는 대로 일본이 지배
하던 임나를 차지한 댓가로 바치던 임나지역에 대한 조를 면제

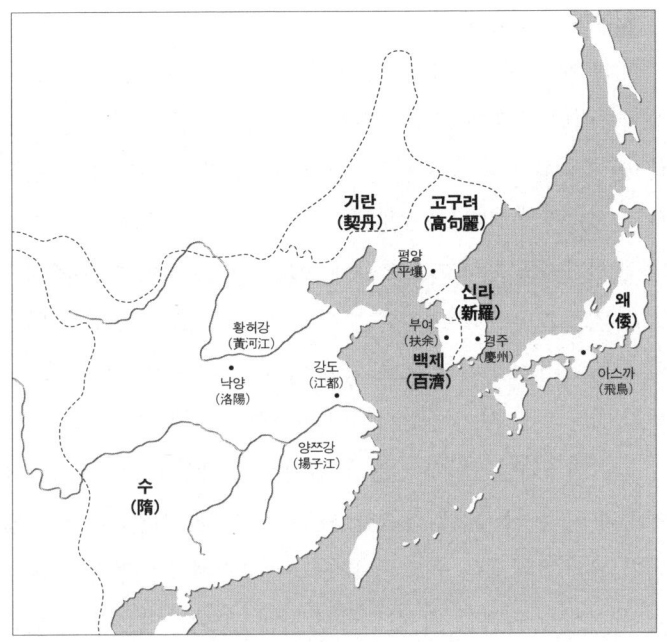

7세기 초의 동아시아 지도.

받는 대신 김춘추를 인질로 보냈다는 견해다.

　임나에 대한 세금을 면제받는 대신 김춘추를 인질로 보냈다는 이야기는 일본이 임나를 200여년간 지배했다는 사실을 전제로 한다. 그러나 앞에서 살펴본 바와 같이 일본은 200여년간 임나를 지배한 사실이 없다. 그러므로 김춘추는 도일하지 않았거나 도일했다면 다른 목적 때문에 도일했을 것이다.

일본과 당의 중재자

『일본서기』에는 632년 당(唐) 사신 고표인(高表仁)이 당에 유학중이던 꾸로마로 등을 대동하고 신라에 들러 신라 송사(送使)의 안내를 받아서 도일한 것으로 되어 있다. 그러나 『구당서(舊唐書)』에 의하면 고표인은 당시 수도이던 아스까(飛鳥)까지는 들어가지도 못하고 오오사까(大阪)에서 신라에 대한 지원요청을 거절한 일본의 왕자와 다투고서는 조서도 전달하지 않은 채 그냥 귀국해버린 것으로 되어 있다. 그뒤로 653년까지 20여년간 일본과 당 사이에는 사절이 완전히 두절되어버린다.

그런데 653년 5월에 일본은 갑자기 유학생을 중심으로 240여명의 사절단을 당에 파견한다. 당시 일본은 선진문물을 도입하기 위해 유학생을 주로 백제와 당에 파견하고 있었다. 당시에는 유학생을 파견할 때 반드시 사전에 그 나라의 허가를 받는 것이 관례였다. 더구나 당과는 632년 고표인이 도일했다가 싸우고 돌아간 채 전혀 교류가 없던 상태였고, 653년에 파견한 유학생은 전례가 없는 대규모였다. 그렇다면 일본은 유학생을 파견하기 전에 당으로부터 유학허가를 얻었어야 한다. 만약 사전에 유학허가를 얻었다면 언제 얻었을까 하는 의문이 생긴다.

한편 고표인이 일부러 일본까지 갔다는 것은 무엇인가 일본에게 요구할 일이 있었기 때문일 것이다. 그러나 고표인은 조서도 전달하지 않은 채 그냥 돌아갔다. 따라서 일본이 당의 유학허가를 얻기 위해서는 고표인이 요청했던 당의 요구를 수용하지 않으면 안될 입장이었을 것이다.

『일본서기』에 의하면 653년에 파견한 사절단이 귀국하지도 않은 상태에서 이듬해 2월에 꾸로마로를 당에 파견한다. 그때 당의 고종(高宗)이 꾸로마로에게 "신라가 고구려와 백제의 침략을 받고 있으니 출병하여 신라를 도와라"라고 명한 것으로 되어 있다. 그러나 632년 양국 사이의 국교가 단절된 이래 실질적으로 처음으로 파견된 바나 다름없는 꾸로마로에게 당이 곧바로 출병해서 신라를 도우라는 명령을 내릴 수는 없었을 것이다. 그럼에도 불구하고 당의 고종이 신라를 위해서 출병하라고 명령했다는 것은 654년 꾸로마로가 입당(入唐)하기 이전의 어느 싯점에 일본이 당에게 신라가 고구려나 백제의 침입을 받을 경우에는 신라를 돕겠다는 약속을 했기 때문이라고밖에는 생각할 수 없다. 즉 당의 요구도 없는데 일본이 자진해서 신라를 돕겠다는 약속을 했다고는 생각할 수 없다.

그렇다면 꾸로마로가 입당하기 전에 이미 당이 일본에게 신라를 도와줄 것을 요청했었다는 이야기가 된다. 그런데 꾸로마로가 입당하기 전에 당과 일본이 접촉한 것은 632년 고표인이 도일한 사실밖에 없다. 따라서 신라를 지원하라는 요청은 632년 도일한 고표인이 한 셈이다.

신라를 도와줄 것을 요청한 인물이 고표인이라면, 일본은 당의 유학허가를 받기 위해서라도 고표인의 요구를 들어주었어야만 한다. 그렇다면 일본은 고표인이 도일했던 632년부터 유학생을 파견하는 653년 사이에 당에게 신라를 도와주겠다는 약속을 했고 당으로부터 유학허가를 받은 셈이 된다.

632년 국교가 단절된 이래 653년 다시 교류가 시작될 때까지 양국 사이에는 직접적인 교류가 없었다. 그러나 『구당서』 왜국전에는 "648년 신라 사신에게 부탁해서 보낸 표(表)에 의해서 양국 사이의 관계가 다시 좋게 되었다"는 요지의 내용이 보인다. 그렇다면 일본은 648년 신라 사신에게 부탁해서 보낸 표에서 신라를 도와주겠다는 약속을 했고, 유학허가도 요청했다는 말이다. 그런데 『구당서』 신라전에 의하면 648년에 입당한 신라의 사신은 김춘추밖에 없다. 따라서 648년 신라를 지원하겠다는 약속을 하고 유학허가를 요청하는 일본의 표를 당에게 전달하여 양국관계를 다시 좋게 한 사람은 김춘추가 된다.

신라 · 당 · 일본 삼국연합체제의 연출자들

김춘추가 648년 당에 전달했다는 일본의 표는 언제 받았을까 하는 의문이 생긴다. 김춘추는 입당하기 전해인 647년 꾸로마로를 따라서 도일했다고 되어 있다. 따라서 김춘추가 일본의 표를 받은 것은 647년 도일했을 때라고밖에는 생각할 수 없다. 그렇다면 김춘추가 647년 도일했다는 『일본서기』의 내용은 신뢰해도 좋다. 그런데 648년 김춘추가 당에 전달한 표에서 일본이 신라를 지원할 것을 통보했다면 그 취지는 먼저 신라와 김춘추에게 전달되었어야 한다. 그렇다면 신라를 지원하겠다는 통보를 한 인물은 646년에 온 꾸로마로밖에는 없다. 신라를 지원하겠다는 보장도 없이 신라 제1의 실력자로 조정을 비워서는 안될 입장이었던 김춘추가 무조건 꾸로마로를 따라서 도일했다고는 생각할 수 없기 때문이다.

김춘추가 646년에 온 꾸로마로로부터 개신정권이 신라를 지원하기로 했다는 통보를 받았다면 그 이듬해 김춘추의 도일은 인질이나 임나문제 때문이 아니라 신라를 지원하겠다는 개신정권의 의지를 확인하기 위해서였을 것이다. 김춘추는 대야성(大耶城)전투에서 죽은 사위 품석(品釋)의 원수를 갚기 위한 군원(軍援)을 요청하러 642년에는 고구려에 갔고, 648년에는 당에 들어갔는데 그 중간에 해당하는 647년에 일본에 간 것으로 되어 있다. 이런 면에서도 김춘추의 도일은 신라를 지원하겠다는 개신정권의 의지를 확인하기 위한 것이었음을 알 수 있다. 일본이 김춘추에게 신라를 지원할 것을 약속했다면 당시 일본의 개신정권은 반(反)백제 친(親)신라 정책을 취했을 것이다. 개신정권은 친백제 정책을 취했던 소가(蘇我)씨를 타도하고 들어선 정권이기 때문이다. 그렇다면 김춘추가 입당하여 신라를 지원하겠다는 일본의 표를 전달하는 648년 단계에서 신라·당·일본 삼국 사이에는 연합체제가 형성되었던 것이다. 삼국연합체제는 김춘추가 꾸로마로나 승민 등이 귀국할 때 송사를 딸려보내 정중히 귀국시켜주는 등 꾸준히 노력한 덕분이었다. 아무튼 당시 김춘추는 삼국을 통일하기 위하여 고구려·당·일본 등을 방문한 인물이다. 그가 동아시아를 시야에 넣고서 움직였던 인물임을 다시 한번 확인할 수 있다.

일본이 임나를 중심으로 백제까지도 지배했다는 과거 식민지사관(植民地史觀)에 익숙해져서 우리에게는 자신도 모르는 사이에 일본 것은 무엇이든지 백제와만 연결시켜 생각하는 버릇이 생겼다. 그러나 일본은 신라와도 백제 못지않은 긴밀한 관계를 유지하였다. 신라·당·일본 사이에 이루어진 삼국연합체제는 그 극치라고 할 수 있다. 그 주역은 당연히 김춘추와 꾸로마로이다.

김춘추가 647년 도일했다는 사실을 입증했을 때 며칠 동안 밥도 먹는 둥 마는 둥했고, 일도 제대로 손에 잡히지 않았다. 지금까지 일본은 백제와만 관계를 갖고 있었던 것으로 알고 있었는데 신라·당과 함께 삼국연합체제를 체결했다는 사실을 밝혀내 흥분이 되었기 때문이다. 김춘추가 647년 도일하여 삼국연합체제를 성사시켰다는 사실을 즉각 논문으로 발표하고 카도와끼 테이지(門脇貞二)라는 저명한 학자에게 별쇄본을 보냈다. 그랬더니 내 논문을 인정해주는 편지를 보내주었다. 이 편지 한 장이 좀처럼 일본 역사에 관한 학위를 주지 않는 와세다대학(早稻田大學)에서 학위를 받는 데 결정적인 역할을 했다.

제2장

일본은 왜 백촌강에 2만 7천의 대군을 보냈는가

바닷물이 핏빛이었다

663년 8월 27, 28일 양일간 백촌강(白村江, 오늘날의 금강 하구) 어귀에서는 신라를 지원하던 당군(唐軍)과 백제를 지원하던 일본군(日本軍) 사이에 일대 격전이 벌어졌다. 그리고 신라군과 백제군은 각각 육상에서 당군과 일본군을 응원하고 있었다. 『일본서기(日本書紀)』에는 일본군의 출병과정과 전쟁의 진행과정이 자세히 씌어 있다. 『삼국사기(三國史記)』에도 왜국 수군이 내습하여 백제를 구원하려 했는데, 그 배의 수가 1천척에 이르렀다고 씌어 있다. 그리고 중국의 『구당서(舊唐書)』에도 왜국 수군의 배 400척을 불태웠는데 그 연기가 하늘을 뒤덮고, 바닷물이 핏빛이었다고 씌어 있다.

백촌강싸움은 당시 한반도의 고구려·백제·신라 삼국뿐 아니라, 중국의 당과 일본 등 당시 동아시아의 거의 모든 국가가 뒤엉켜서 싸운 전쟁이었다. 그러나 대부분의 사람들은 일본군이 백촌강에 와서 싸웠다는 사실조차 모르고 있다.

백제 의자왕(義慈王, 재위 641~60)이 당(唐)의 소정방(蘇定方)에게 공식으로 항복을 하는 것이 660년 7월 18일이고, 의자왕을 비롯한 군신(君臣)들이 당으로 끌려간 것이 9월 3일이다. 소정방은 귀국할 무렵 낭장(郞將) 유인원(劉仁願)을 시켜 백제의 왕성(王城)이었던 부여의 사비성(泗沘城, 부소산성扶蘇山城)을 진수(鎭守)케 하였다. 본국에서는 지금의 공주인 웅진(熊津)에 도독부(都督府)를 설치하고 왕문도(王文度)를 파견했으나 왕문도가 9월 28일 급사하여 웅진도독부 체제는 계획으로만 끝났다. 따라서 백제의 옛 땅은 왕문도를 대신해서 661년에 파견된 대방자사(帶方刺史) 유인궤(柳仁軌)와 백제부흥운동군의 공격으로 사비에 고립되어 있던 진수장(鎭守將) 유인원에 의해서 유지되고 있었다.

한편 백제부흥운동의 지도자였던 복신(福信)은 일본에 머물던 왕자 풍장(豊璋)의 귀국과 지원군을 요청하기 위해서 일본에 사신을 보낸다. 그 첫 사자(使者)인 좌평(佐平) 귀지(貴智)가 일본에 도착한 것이 백제의 왕이 항복한 지 세 달 뒤인 660년 10월이다. 일본의 사이메이천황(齊明天皇, 재위 655~61)은 복신의 요청을 받고 지금의 후꾸오까(福岡)에 몸소 가서 직접 구원군을 준비시킨다. 12월 24일에는 오오사까(大阪)에 가서 무기를 준비시키기도 하였다. 『일본서기』에는 "천황이 나니와궁(難波宮, 지금의 오오사까)에 행차했다. 천황이 바야흐로 복신이 요청하는 뜻에 따라서 쯔꾸시(筑紫, 지금의 북큐우슈우北九州)에 행차하여 장차 구원군을 보내려고 했다"라고 되어 있어서 백제 구원군이 복신이 요청하여 이루어진 것임을 분명히 하고 있다.

사이메이천황(齊明天皇)이 구원 요청을 받은 지 두 달밖에 안되는 사이에 출병을 결정하고 오오사까까지 가서 무기를 준비하는 등 신속하게 행동한 것은 이례적이라고 하지 않을 수 없다. 더욱이 예순을 넘긴 사이메이천황이 직접 북큐우슈우에까지 가서 구원군을 지휘하려고 했다는 사실은 상식적으로는 이해하기 어렵다.

사이메이천황이 661년 1월 6일 오오사까항을 출발하여 중간에 여러 곳을 들러서 모병(募兵)을 하면서 쯔꾸시(筑紫)에 도착한 것은 3월 25일이다. 그런데 쯔꾸시에서 백제 구원을 준비하다가 7월 24일 급사한다.

사이메이천황이 급사한 뒤 황태자인 나까노오오에황자(中大兄皇子, 뒤의 텐지천황天智天皇)는 10월 7일 시신을 해로로 당시의 서울인 아스까(飛鳥)로 옮긴 다음 11월에 상(裳)을 치른다. 그러고 나서 본격적으로 다시 출병을 준비한다. 상중임에도 불구하고 출병준비는 계속되어 그해 8월에는 이미 출병계획을 발표하고, 9월에는 5천의 호위병을 붙여서 일단 왕자 풍장을 먼저 귀국시킨다.

전격적인 출병의 준비라든지, 예순이 넘은 여제(女帝)가 북큐우슈우에까지 직접 가서 준비를 했다든지, 상중임에도 불구하고 준비를 계속했다든지 하는 것은 어느 것 하나 상식적으로 이해할 수 없다. 이런 무리한 지원 때문에 텐지천황 정권은 결국 백촌강싸움에서 패배하고 '진신(壬申)의 난'(672)이라는 초유의 내전으로 무너진다. 이에 대해 사이메이천황을 비롯해서 당시 정권의 핵심세력이 백제 출신들이기 때문에 조국을 부흥시키기 위해서 무리하게 출병했다는 설까지도 나오게 되었다. 이른바 조국부흥전쟁설(祖國復興戰爭說)이다.

몇년 전의 일이다. 모 방송국에서 백제와 일본의 관계를 주제로 한 드라마를 방영한 일이 있었다. 그때 방송국에서 고증위원이 되어달라는 연락이 왔다. 국민감정에 영합해 드라마를 제작하다보니 백제와 일본의 관계를 사실과 다르게 재현하는 경우가 많았다. 그런 드라마에 이름을 빌려주고 싶지가 않아 사양했더니 재차 부탁해왔다. 그래서 "틀린 부분을 지적하면 고치겠느냐"고 물었더니 그건 또 곤란하다고 했다. 나는 대단한 학자는 아니지만 그런 일에 들러리는 설 수 없다면서 거절한 적이 있다.

드라마가 방영되던 어느날 학교에 갔더니 선생 한 분이 "백제부흥운동 때 원군을 보내준 사이메이천황이 의자왕의 누이동생이고 그래서 구원군을 보냈다면서요"라고 물어보았다. 어떻게 설명을 해야 할지 난감하여 "아, 7세기 후반에 백제에서 여자가 혼자 일본에 건너가 왕이 될 수 있었겠습니까?"라고만 점잖게 대답해버렸다. 하지만 마음속으로는 잘못된 역사드라마의 위력을 실감하며 씁쓸해했던 기억이 또렷하게 남아 있다.

조상의 묘소가 있는 곳에 어찌 다시 갈 수 있겠는가

조국부흥전쟁설을 주장하는 사람들이 증거로 자주 내세우는 기사가 『일본서기』 663년 기록이다. 663년 기록에는 일본의 구원군이 백촌강싸움에서 패배하고 백제부흥운동 최후의 거점이었던 주류성(周留城)까지 함락되자 백제의 지배층이 일본군을 따라서 도일하려는 장면이 나온다. 그 내용을 소개하면 다음과 같다.

나라 사람들이 서로 일러 말하기를 "주류가 함락되었다. 어찌할 수 없게 되었다. 백제의 이름이 오늘로서 끊어졌다. 조상의 묘소가 있는 곳에 어찌 다시 갈 수 있겠는가. 다만 제례성(弖禮城)에 가서 일본의 군장(軍將) 등과 만나서 상의할 바를 상의하자."

조국부흥전쟁설을 주장하는 사람들은 위 기록 중 "조상의 묘소가 있는 곳에 어찌 다시 갈 수 있겠는가"라는 구절이 당시 백제를 구원하기 위해서 온 사람들이 백제 출신이었음을 알려주는 증거라고 주장한다. 백제 출신이었기 때문에 일본으로 떠나면서 "조상의 묘소가 있는 곳에 어찌 다시 갈 수 있겠는가"라고 했다는 것이다.

그러나 기록의 그 구절은 누가 보아도 백제를 구원하기 위해서 일본에서 온 사람들이 한 말이 아니고 일본으로 출발하기 위해 준비를 하던 백제 사람들이 한 말이다. 주체가 "나라 사람들"이라고 표현되어 있을 뿐만 아니라 "백제의 이름이 오늘로 서 끊어졌다. 조상의 묘소가 있는 곳에 어찌 다시 갈 수 있겠는 가"라는 말에 뒤이어서 나오는 "다만 제례성에 가서 일본의 군 장 등과 만나서 상의할 바를 상의하자"라는 구절로도 명백해진 다. 이 정도를 이해하지 못할 사람은 없다. 그러나 무리하게 일 본의 핵심세력이 백제 출신이라는 주장을 하려다 보니까 이런 해석을 하게 된 것이다. 그리고 이런 무리한 주장이 일본 학계 가 우리 학계를 깔보는 원인이기도 하다.

일본 학자들도 턱없는 주장을 하기는 마찬가지이다. 그들은 백제가 일본의 속국이었으므로 그 속국을 구원하기 위해서 출 병했다고 주장한다. 그러나 백제가 일본의 속국이었다는 것도 말이 안되거니와 설혹 백제가 일본의 속국이었다고 하더라도 정권이 무너지면서까지 속국을 구하려고 한 나라가 동서고금 어디에 있단 말인가.

당의 고구려 정벌이 고조됨에 따라 위기의식을 느낀 백제계 의 소가(蘇我)씨는 일본의 안전을 위해서는 백제·고구려와 손 을 잡고 신라·당에 대항하는 것이 유리하다고 생각했다. 이에 반해서 소가씨를 타도하고 정권을 장악한 개신정권의 코오또꾸 천황(孝德天皇, 재위 645~54)은 거꾸로 신라·당과 손을 잡는 것 이 일본의 안전에 유리하다는 생각에서 신라·당과 삼국연합체 제를 맺었다. 그러나 코오또꾸천황 등 개신세력에게 쫓겨났다 가 코오또꾸천황을 제압한 사이메이천황(齊明天皇, 재위 655~61, 원래의 코오교꾸천황皇極天皇이 다시 재위에 오름)은 신라·당과 손을 잡더라도 당이 고구려와 백제를 멸망시킨 다음에는 신라·일본까지도 침략할 것이라고 생각하고 있었다. 그래서 즉위하자마자 먼저 신라와 당의 침입에 대항해서 수도를 당이나 신라가 상륙하기 쉬운 해변의 오오사까에서 내륙의 아스까로 옮긴다. 그리고 본격적으로 수도 아스까의 방어시설 강화에 착수한다.

656년 기록에는 사이메이천황이 아스까의 방위를 강화하는 내용이 잘 나타나 있다. 대략을 소개하면 다음과 같다.

전신령(田身嶺) 주위에 담을 쌓고, 봉우리 위에 궁정(宮廷)을 짓고 망대를 세우려고 했다. 둘레에 도랑을 만들어서 물이 흐르게 했다. 향산(香山)의 서쪽에서부터 석상산(石上山)에 이르기까지 배 200척으로 석상산의 돌을 실어다가 궁 동쪽의 산에다가 쌓아 담을 만들었다. 사람들이 '미친 도랑(狂心渠)'이라고 비방했다. 동원된 인부가 3만여명이었다. 담을 쌓는 데 동원된 인부가 7만여명이었다.

아직 구체화되지도 않은 적을 향한 당시의 방어시설 공사가 얼마나 무리한 일이었는지는 코오또꾸천황의 아들 아리마황자(有間皇子)가 반란을 일으킨 명분으로 "큰 창고를 지어 민재(民財)를 쌓아두는 것이 하나이고, 길게 도랑을 파서 양식을 낭비한 것이 둘이고, 배에 돌을 싣고 날라 언덕을 만든 것이 셋입니다"라고 한 사실로도 짐작할 수가 있다. 여론을 무시하고 대규모의 방어시설 공사를 무리하게 추진했다는 사실은 일본이 당의 침입에 대해서 얼마나 겁을 내고 있었는가를 보여주는 것이 기도 하다.

당의 고구려 원정이 성공하면 그 다음엔 백제를 정벌할 것이고 백제가 망하면 일본도 위험해진다고 생각하였던 것이다. 백제가 망한 뒤의 이야기이지만 실제로 당이 일본에 쳐들어온다는 소문이 파다하게 퍼졌었다. 그리고 백제가 망한 뒤에는 쯔시마(對馬)에서부터 수도 아스까(飛鳥)에 이르기까지 쯔시마·이끼(壹岐)·나가또국(長門國, 지금의 야마구찌현山口縣 시모노세끼下關)·쯔꾸시국(筑紫國, 지금의 후꾸오까현福岡縣)·사누끼노국(讚岐國, 지금의 시꼬꾸四國의 카가와현香川縣)·야마또국(大和國, 오오사까大阪에서 나라현奈良縣으로 넘어가는 경계) 등에 성(城) 등 방어시설을 만들어 당과 신라의 침입에 대비한다.

그러나 당은 고구려·백제의 순서를 바꾸어서 먼저 백제부터 멸망시켰다. 그렇다면 다음 순서가 고구려이고 고구려를 멸망시키면 그 다음에는 일본이 목표라는 것은 자명한 일이다. 그런데 백제부흥운동군이 구원을 요청하였다. 일본으로서는 당이 백제를 멸망시키고 고구려까지 멸망시킨 다음 여세를 몰아 일본에 쳐들어오는 것을 앉아서 기다리든지, 아니면 한반도에 가서 백제·고구려와 손을 잡고 당·신라와 대결하는 수밖에는 없었던 것이다.

일본은 당의 침입을 앉아서 기다리다 혼자서 싸우기보다는 한반도에 와서 백제·고구려와 연합전선을 펼치는 길을 선택했다. 일본이 왜 전쟁터를 한반도로 설정했는가는 1894년 청일전쟁의 장소를 한반도로 설정한 것이나, 제2차 세계대전 때 수천 킬로미터나 떨어진 진주만(眞珠灣, Pearl Harbor)을 선제공격하여 전쟁터를 미국 쪽에 설정한 사실을 살펴보면 쉽게 이해할 수 있다. 한반도로 와서 백제·고구려와 손을 잡고 당·신라와 싸우기로 한 이상, 일본은 백제가 완전히 무너지기 전에 서두르지 않으면 안되었다. 그래서 정권의 운명을 걸고 백촌강싸움에 출병하게 된 것이다.

백제의 이름은 오늘로 끊겼다

나까노오오에황자(뒤의 텐지천황)는 상중임에도 불구하고 661년 9월 풍장(豊璋)과 그를 호위하기 위한 '별군(別軍)' 5천 명을 먼저 파견한다. 그들은 처음부터 '백제구원군'이라는 표현을 쓰지 않고 '고구려구원군'이라는 표현을 쓰고 있다.

『일본서기』 661년 기록에도 "고구려를 구원하려는 일본의 군장 등이 백제의 가파리빈(加巴利濱)에 머무르고 있었다"고 되어 있다. 662년 3월 기록에도 "당과 신라가 고구려를 정벌하였다. 고구려가 일본에 구원을 청하였다. 이에 군장을 보내어서 주류성(周留城)에 근거하게 했다"고 되어 있다. 또한 『일본서기』 662년 5월 기록에도 "이누까미군(犬上君)이 급히 군사에 관한 것을 고구려에 알리고 돌아왔다. 윤해(胤解, 풍장)를 석성(石城)에서 보았다"고 되어 있고, 663년 5월에는 일본이 파견한 이누까미군이 실제로 고구려와 풍장 사이를 왕래하면서 군의 작전문제를 협의하고 있다.

당시 고구려는 당과 대결하고 있었다. 따라서 고구려를 구원한다는 것은 당과 대결하는 것을 의미한다. 실제 웅진성을 지킨 사람은 유인궤(劉仁軌)였고, 사비성을 지킨 사람도 유인원(劉仁願)으로 모두 당의 군대였다. 그렇다면 백제를 구원하기 위해서는 그들과 싸울 수밖에 없다는 말이 된다. 실제로도 일본은 백촌강에서 당과 싸운다. 그럼에도 불구하고 '신라를 정벌하기 위해서'나 '고구려를 구원하기 위해서'라는 표현은 쓰지만 당과 싸운다는 표현은 어디에서도 찾아볼 수 없다.

당시 일본이 당과 싸워서 이길 수 있다고 생각한 사람은 거의 없었다. 따라서 당과 싸우기 위해서 출병한다는 명분으로는 당시 일본 지배층이나 백성들의 동의를 얻을 수 없었다. 그래서 당과 싸운다는 명분이 아니라, '신라를 정벌하기 위해서'나 '고구려를 구원하기 위해서'라는 명분을 내걸고 파병을 단행했던 것이다.

백제 구원이나 고구려 구원이 실패하는 경우에 대비해서도 당을 적대시하는 표현은 바람직하지 않았다. 당을 적대시하는 행동을 한다면 백제나 고구려가 멸망한 뒤에 일본은 바로 당의 정벌대상이 될 수 있기 때문이다. 따라서 출병에 대한 폭넓은 동의를 얻고 당의 위협을 가능한 한 최소화시키기 위해서라도 어디까지나 백제 구원을 위해서 신라를 정벌한다거나 고구려 구원을 표방하는 방법밖에는 없었던 것이다. 그래서 일본은 자의로 파병한다기보다는 복신의 요청으로 출동한다는 점을 분명히하고 있다. 그리고 '백제를 위해서 장차 신라를 정벌하려고

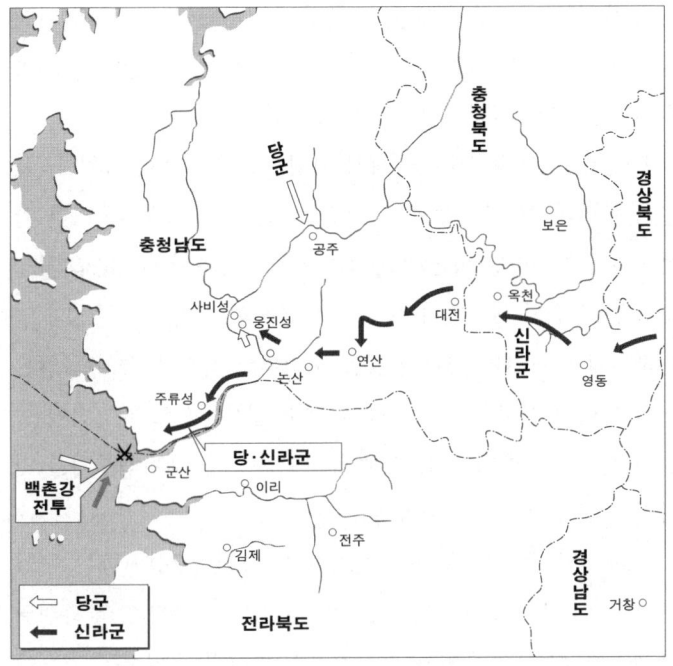

백촌강싸움의 전투도. 오늘날의 금강 하구인 백촌강에 일본은 400여척의 배와 2만 7천여명에 가까운 구원군을 보냈으나 대패했다. 이때 구원군과 함께 백제 지배층이 대거 일본으로 건너갔다.

생각했다'고 언명하였던 것이다.

풍장과 5천명의 호위병이 도착한 뒤 백제부흥운동군의 전세가 잠시 호전된다. 그런데 일본 구원군의 본대가 도착하면 백제부흥운동군의 주도권은 백제부흥운동을 주도하던 복신으로부터 풍장과 일본측으로 넘어가게 되었다. 따라서 본대의 파견을 잠시 보류할 것을 요청했다. 보류되었던 구원군의 본대가 다시 출발한 것이 663년 3월이었다. 그 규모가 『일본서기』에는 400여 척의 배에 2만 7천명이었다고 되어 있다.

당군은 사비성과 웅진성에서 고립무원의 상태에 있었다. 육로의 복신과 백촌강(白村江, 금강錦江 하구)을 거슬러올라간 일본군이 협공했다면 당군을 몰아내고 사비성과 웅진성을 되찾을 수 있는 절호의 기회였다. 그러나 일본군이 들어가면 풍장과 일본군에게 주도권이 넘어갈 것을 두려워한 복신은 좀처럼 일본군의 사비성 진군을 허용하지 않았다. 일본군으로서는 먼저 복신을 제거해야만 하였다. 결국 풍장이 복신을 제거해주기를 기다리는 수밖에 방법이 없었다.

그해 6월 풍장이 복신을 제거한다. 그러나 이미 때는 늦었다. 일본이 복신이 제거되기를 기다리고 있는 사이 당의 좌위위장군(左威衛將軍) 손인사(孫仁師)가 7천명의 구원군을 거느리고 한발 먼저 도착하여 웅진성에 있던 유인원을 구원한다. 그리고 신라는 풍장이 복신을 제거하자 본격적으로 주류성 공략에 나선다. 신라의 문무왕(文武王, 재위 661~81)이 손인사에 호응하여 일본군이 도착하기 전에 주류성의 공략에 나선 것이다. 그리고 유인궤는 별도로 의자왕의 아들 부여융(夫餘隆)과 더불어 수군을 인솔하고 웅진강에서 백촌강으로 나아가 육군과 합류하여 주류성으로 향했다.

당의 원병이 도착하기 전에 사비성과 웅진성을 선제공격할 수 있는 기회를 잃어버린 일본군은 우선 신라와 당의 협공을 받고 있던 주류성 구원에 나서지 않을 수 없었다. 그러나 유인궤는 병선 170척을 거느리고 백촌강 입구에서 포진한 채 기다리고 있었다. 8월 27일과 28일에 왜의 수군은 백촌강 하구에서 당군과 네 번 싸워서 네 번 모두 졌다. 『구당서』에는 "왜선(倭船) 400여척을 불태웠다. 그 연기가 하늘을 덮고 바닷물은 핏빛으로 물들었다"고 되어 있다. 백제부흥운동군의 기병부대는 왜의 수군을 연안에서 원호하고 있었다. 그리고 신라 문무왕은 육상에서 당의 수군을 원호하고 있었다.

풍장은 고구려로 달아나고 주류성은 9월 7일 당에게 항복한다. 이때 백제인들이 "주류가 항복하였다. 일이 어찌할 수 없다. 백제의 이름은 오늘로 끊겼다"(『일본서기』)고 한탄했다. 그리고 좌평(佐平) 여자신(餘自信), 달솔(達率) 목소귀자(木素貴子), 곡나진수(谷那晉首), 억례복류(憶禮福留) 등 3천명 이상의 백제 지배층이 일본 수군과 함께 일본으로 향하는 배에 올랐다.

제3장

국민통합의 총본산 토오다이사

토오다이사에서 발견된 불국사의 설계도

일본을 방문하는 사람들이 반드시 들르는 곳이 나라(奈良)의 토오다이사(東大寺)이다. 토오다이사는 일본 최대의 사원이고, 세계 최대의 실내불이 안치되어 있으며, 1천여년간 일본 불교의 구심점으로 국민통합에 중요한 역할을 하는 곳이기 때문이다. 원래 토오다이사는 대불(大佛)의 높이가 약 16미터이고, 대불전(大佛殿)은 동서로 11칸, 남북으로 7칸, 높이 약 45미터의 거대한 건축물이었다. 그동안 몇차례의 전란으로 소실과 재건을 거듭하다가 지금의 대불전은 1709년에 재건된 것인데 사방 7칸으로 축소된 모양이다. 그러나 대불전은 지금도 단일 목조건물로는 세계 최대를 자랑하고 있다. 그리고 대불도 실내불로서는 세계 최대이다.

'왜'라는 글자 때문에 일본은 모든 것이 작은 나라라고 생각하는 경향이 있지만 대불이나 대불전 등이 있는 토오다이사를 둘러보게 되면, '어, 일본이 왜소한 나라가 아니네' 하고 놀란다. 우리나라에서 내로라하게 큰 단일 목조건물 중 하나가 화엄사(華嚴寺) 각황전(覺皇殿)인데 토오다이사의 남대문 하나가 각황전보다 작지 않기 때문이다. 게다가 오오사까성(大阪城)까지 보게 되면 그 위용과 성을 쌓은 돌의 크기에 압도되어 일본이 왜소한 나라라고 여기던 생각은 싹 없어져버린다.

국가의 재해와 국난의 소제(掃除)를 설파하는 금광명최승왕경(金光明最勝王經)을 구현하기 위해서 741년 쇼오무천황(聖武天皇, 재위 724~48)의 발원으로 각 국부(國府)의 소재지에 국분사(國分寺)가 설립되기 시작하였다. 진호국가(鎭護國家) 진재치복(鎭災致福)을 설파하는 불교를 중앙집권과 민중지배를 강화하기 위한 정신적 지주로 삼기 위해서 770년대에 거의 전국적으로 설립된 국분사에는 승사(僧寺)와 이사(尼寺)가 있다. 일정한 봉호(封戶)와 전답이 주어지는 국가의 사원이었다.

국분사에 이어서 총 국분사로서 평화롭고 질서있는 세계를 형성하고 있는 대방광불화엄경(大方廣佛華嚴經)의 교리를 실현하기 위해서 745년 쇼오무천황의 발원으로 카스가산(春日山)에 토오다이사가 창건되기 시작했다. 국분사의 총 국분사인 토오다이사는 국민통합과 민중지배를 위한 일본 사회의 구심점으로 창건된 것이다.

일본 관사(官寺)의 총본산인 토오다이사와 그 대불은 쇼오무천황의 발원으로 양변(良弁) 승정(僧正, 최고의 승직)이 터를

단일 목조건물로는 세계 최대를 자랑하는 토오다이사(東大寺) 대불전.

닦고, 행기(行基)가 절을 짓기 위하여 기부(寄附)를 모집하였으며, 보다이 센나(菩提仙那)가 대불개안회(大佛開眼會)를 주도하였다.

그런데 토오다이사 창건의 기초를 닦은 양변 승정은 백제계 자손으로 속성이 '백제씨'이고, 속명은 '금취(金鷲)' 또는 '금종(金鐘)'으로 어렸을 때 독수리에게 차여서 지금 토오다이사 니가쯔도오(二月堂) 앞의 스기나무(삼나무)에 떨어져 있었다는 것이다. 그를 백제계의 승정이었던 의연(義淵)이 데려다가 입문시켰다고 한다. 그뒤 양변이 카스가산에 지은 암자를 그의 이름을 따서 '금종사(金鐘寺)'라고 이름지었는데 이것이 지금 토오다이사 법화당(法華堂, 정식명칭은 상가쯔도오三月堂이나 통칭은 법화당이다)의 시작이다. 토오다이사가 백제계 양변의 금종사에서 시작된 것이다.

745년에 승정이 된 행기는 왕인(王仁)의 자손으로 서문(西文)씨의 지족(枝族)이다. 백제계 도래인의 자손인 의연 승정을 사사하고 사회사업을 하면서 전국 방방곡곡에 많은 절을 세웠다. 그가 세운 절들을 통칭 '행기의 49원'이라고 일컫는다. 행기는 토오다이사를 건립할 때 전국을 돌면서 재물을 모아 기부했다. 승정에 추대되고 만년에는 토오다이사를 짓기 위하여 '기부를 모집하는 승려(勸進僧)'라고 일컬어지게 되었다.

보다이 센나는 천축(天竺, 인도의 옛 이름)의 승려로 나라시대(710~84)에 일본으로 건너가서 백제사(百濟寺, 쿠다라사)에 머물고 있었는데 그의 학식 때문에 대불개안회를 주도했다. 그외에 대불 설계 등의 총책임자였던 쿠니나까노끼미마로(國中公麻呂)는 백제에서 건너간 국골부(國骨富)의 손자다. 그리고 대불 주조의 지휘·감독을 맡았던 타께찌 오오꾸니(高市大國), 타께찌 신마로(高市眞麻呂)나 중요한 헌물자(獻物者)도 거의 한반도에서 건너간 사람들이었다.

그런데 당시 대불이 완성된 뒤 도색에 쓰일 황금이 부족했다. 대불에 쓰인 동(銅)만도 13,120관(貫)이나 들었기 때문이다. 당시 일본에서는 황금이 생산되지 않았는데, 대불 완성에 호응이라도 하듯이 무쯔(陸奥, 지금의 아오모리현靑森縣을 중심으로 한 지역)의 수호(守護)이자 백제왕씨의 시조인 선광(善光, 의자왕의 아들)의 증손 백제왕 경복(慶福)이 영내에서 황금을 발견하여 900량을 바쳤다. 쇼오무천황은 크게 감격했는데, 연호를 '캄뽀오(感寶)'라고 고쳤을 정도였다. 그 결과 경복은 종삼위하(從三位下)인 카와찌(河內, 지금의 오오사까) 수호가 되었는데, 뒤의 백제왕씨의 영달이 여기서 시작되었다고 할 수 있다.

카마꾸라바꾸후(鎌倉幕府, 1185~1333)가 되면 토오다이사를 '네 성인이 건립한 절'(4성 건립의 가람)이라고 칭하게 된다. 발원자인 쇼오무천황(聖武天皇), 민중을 권해서 협력하도록 한 행기(行基), 금종사 이래로 기초를 닦고 최초로 토오다이사 책임자가 된 양변(良弁), 대불개안회를 주관한 보다이 센나(菩提仙那)를 일컫는 말이다. 그 네 사람 중에서 두 사람이 백제의 후손이었다. 게다가 조영의 책임자나 자금 기부자도 거의 백제인이었다. 완전히 백제인에 의해서 이루어졌다고 할 수 있다.

토오다이사는 화엄종(華嚴宗)의 총본산이고 대불도 화엄종의 교의에 맞게 비로자나불(毘盧遮那佛)로 되어 있다. 화엄종은 백제 왕진이(王辰爾)의 자손인 자훈(慈訓)에 의해서 신라에서 도입되었다. 그리고 일본 화엄종의 개조(開祖)로 알려진 신라승 심상(審祥)이 토오다이사에서 불경의 문장이나 어구의 의미를 설명하는 강석(講釋)을 했다. 그 제자들은 전국의 국분사에 파견되어 주지로서 행정의 중추를 이루기도 했다. 신라와도 인연이 적지 않은 절이다.

신라 화엄종의 개조는 의상대사(義湘大師)로 각지에 화엄종의 사원이 많다. 불국사(佛國寺)도 화엄종 사원으로 토오다이사처럼 '비로자나불'을 안치하고 있다. 그런데 근년 토오다이사

실내불로서는 세계 최대 규모인 토오다이사의 대불.

문고(文庫)에서 불국사의 설계도면이 발견되어 불국사에 보내
왔다. 그 인연으로 토오다이사와 불국사는 자매결연을 맺게 되
었다. 현대에도 한국과 옛 인연을 끊지 못하고 있는 것이다.

토오다이사가 자리잡고 있는 나라(奈良)는 710년에서 784년
까지 일본의 수도였다. 그 지명인 '나라'라는 말은 우리말의 '나
라' '나라님' 등 순수한 우리말로 한반도 사람들에 의해서 붙여
진 것 같다. 따라서 일찍부터 한반도 사람들이 정착했던 곳임을

알 수 있다.

원래 일본 사원의 경내에는 수호신으로서 신사(神社)가 자리잡고 있는 것이 통례였다. 그런데 토오다이사 대불전의 동쪽 회랑(回廊)에서 니가쯔도오(二月堂)로 통하는 오솔길의 좌측에 카라꾸니신사(辛國神社, 즉 한국신사韓國神社)가 있다. 토오다이사 경내에 카라꾸니신사 이외에 다른 신사가 없는 것으로 보아서 카라꾸니신(辛國神), 즉 한국신(韓國神)이 토오다이사의 수호신이었던 것 같다. 그렇다면 한국신은 토오다이사의 지주신이자 나라의 지주신으로, 카라꾸니신사는 한반도 사람들이 초기에 자리를 잡았던 곳이 아니었을까.

신라의 장적으로 토오다이사의 보물목록을 만들다

고대의 주 창고를 쇼오소오(正倉)라고 하고 그 구역을 쇼오소오잉(正倉院)이라고 하는데 현재는 토오다이사 부속의 쇼오소오잉만 남아 있다. 토오다이사 쇼오소오잉은 신라시대의 서원경(西原京, 충북 청주지방에 설치된 5소경小京의 하나) 지방의 장적(帳籍, 호적)이 발견된 곳으로도 유명하다. 쇼오소오잉의 보물목록은 한 장의 종이를 접은 양면에 기록되어 있다. 그런데 그것을 해체하여 새로 조립하는 과정에서 안쪽에 신라 서원경의 장적이 기록되어 있음이 발견되어 큰 화제가 되었다. 신라의 장적을 뒤집어서 토오다이사의 보물목록을 만들었던 것이다.

토오다이사 쇼오소오잉에서 중요한 것은 일본 고대 건축양식인 아제꾸라식(校倉式)의 보물창고이다. 대불전 서북쪽의 소나무밭 속에 위치한 이 창고 내부는 북창(北倉)·중창(中倉)·남창(南倉)의 3창으로 되어 있는데, 보물 1만여점이 보관되어 있다. 대부분이 나라시대의 것으로 북창에는 코오묘황후(光明皇后)가 봉납한 쇼오무천황의 유애품(遺愛品), 중창에는 토오다이사의 대불개안회 때 사용한 여러 기구들과 무기류 및 문서류, 남창에는 주로 토오다이사의 법회 때 사용하는 용구, 특히 기악면(伎樂面)·악장속(樂裝束)·악기가 보관되어 있다. 호오류우사(法隆寺)가 아스까(飛鳥)문화의 보고(寶庫)라면 토오다이사 쇼오소오잉은 템뾰오(天平)문화(729~48년 사이에 꽃피웠던 문화)의 보고이다.

보물은 코오묘황후의「쇼오소오잉헌물장(正倉院獻物帳)」에 의하면 1만 2천여점으로 법첩(法帖, 습자책習字冊)·직물·악기·악구·약물·조도품(調度品)·생활기구(금속품·목공기·칠기·유리기)·오락기구·무기·무구(武具)·불화·불구 등으로 왕실의 내용물이라고 할 수 있다. 여기에는 중국 전래의 유물은 물론이고 그리스, 중앙아시아, 페르시아의 것부터 관공방(官工房), 쿠다라노떼히또베(百濟手部, 백제계 공인)에서 만들어진 것도 많이 있다.

한편 토오다이사의 대불개안회 때 연주된 24곡 중 20곡이 고려악(高麗樂)이었고, 나머지는 가면곡이었는데 이는 백제의 것이었다고 한다.

토오다이사 쇼오소오잉의 아제꾸라식이라는 독특한 양식도 우리나라와 무관하지 않다. 아제꾸라식은 기둥을 사용하지 않고 목재를 정(井)자 모양으로 쌓아올리는 방법으로 목재의 팽창과 수축에 의해서 내부의 온도와 환기를 조절하기 때문에 창고 건축에 쓰여왔다.

1968년 완공된 국립부여박물관(현 국립부여문화재연구소)이 바로 아제꾸라식으로 되어 있다. 설계가가 일본에서 공부를 한 영향이었던 것으로 알고 있다. 1993년 금성산 남쪽에 신관이 세워졌지만 구(舊) 국립부여박물관은 완성되자마자 비판의 대상이 되었다. 명색이 국립박물관인데 일본식으로 지을 수 있느냐는 게 그 요지였다. 즉시 헐고 다시 지어야 한다는 비판이 강했지만 저명한 미술사학자 한 분이 '1960년대에 오죽 일본의 영향이 컸으면 국립박물관조차도 일본식으로 지었겠는가. 1960년대에 살고 있는 우리들의 역사의식을 후대에 그대로 보여줄 필요가 있다'는 논리로 당시로서는 어렵게 지은 국립부여박물관이 헐리는 것을 막았다는 일화가 있다.

그러나 국립부여박물관이 헐리는 것을 막은 논리가 훌륭하기는 했지만 하나 놓친 점이 있었다. 아제꾸라식은 원래 한국에서 들어간 건축양식이었다는 점이다. 아제꾸라식은 나무를 옆으로 쌓아서 만드는 원시적인 건축양식으로 일본에서는 야요이 시대(彌生時代)부터 있었다. 그런데 『위지(魏志)』 변진전(弁辰傳)에는 "가옥을 만드는데 나무를 옆으로 쌓는다"고 되어 있다. 따라서 아제꾸라식은 삼한(三韓) 중 변한(弁韓)과 진한(辰韓)에서 사용하였던 건축양식이었음을 알 수 있다.

제4장

백제의 피를 받았다는 캄무천황은 누구인가

아끼히또의 발언 파문

일본에서는 『일본서기(日本書紀)』(720년 완성)나 『고사기(古事記)』(712년 완성) 등 고대 사서(史書)를 근거로 고대부터 제2차 세계대전에서 패배할 때까지 천황은 아마떼라스 오오미까미(天照大神)에서 시작하여 한 계통으로 계승된 이른바 '만세일계(萬世一系)'의 신성한 군주라고 전해졌고 믿어왔다. 제2차 세계대전 전이나 전쟁중에는 그 절정에 달해서 1억 신민(臣民)에게 신으로 추앙받는 만세일계의 천황에 의해서 통치되는 국체(國體)를 자찬하고 국가의 자랑으로 생각했다. 따라서 만세일계의 황통(皇統)사상에 대한 비판은 금기시되었다. 그러나 일반적으로는 왕조가 몇번인가 바뀌었고, 황실이 백제에서 유래하지 않았을까 하는 의구심이 없지 않았다.

패전 후 학문의 자유가 허용되자 1952년 와세다대학(早稻田

大學)의 미즈노 유우(水野祐) 교수가 일본에서 황실은 만세일
계가 아니고 세 번 교체되었으며 현 천황가(天皇家)는 만세일
계 중의 26대 천황으로 되어 있는 케이따이천황(繼體天皇, 재위
507~31)에서부터 시작되는 세번째 왕조에 속한다는 이른바 삼
왕조교체설(三王朝交替說)을 주장하여 큰 반향을 일으켰다. 우
익들의 테러위협과 반론 속에서도 이 설의 큰 줄거리는 학문적
으로도 정착되고 일반인들 사이에서도 충분히 인지되어 있다.

현 천황가가 백제에서 유래되지 않았을까 하는 의구심에 대
해서는 학문적인 연구가 거의 이루어지지 않았지만 일반인들
사이에서는 오히려 확산되어갔다. 심증은 있으나 아직까지도
학자들은 연구하기를 꺼리고 있다. 그런데 일본의 현 천황 아끼
히또(明仁)가 "나 자신과 관련해서는 옛 캄무천황(桓武天皇)의
생모가 백제 무령왕(武寧王)의 자손이라고 『속일본기(續日本
紀)』에 기록되어 있어서 한국과 인연을 느끼고 있다"라고 말해
황실이 백제에서 유래했다는 이야기는 아니지만 '모계백제설
(母系百濟說)'을 제기하여 작은 파문을 일으켰다.

아끼히또의 발언은 백제와 일본의 긴밀한 관계를 언급하는
과정에서 이루어진 것으로 새로운 사실도 아니다. 그의 발언은
월드컵의 공동개최와 장래에 있을지도 모를 자신의 방한(訪韓)
등을 염두에 두고 역사적으로 한국과 일본 혹은 한국과 일본 황
실의 우호관계를 환기시키기 위한 의도에서 나온 것이라고 할
수 있다. 그러나 그의 발언은 묵시적으로 인지하고 있으면서도
공론화하기를 꺼렸던 천황가의 백제유래설에 대해 금기를 제거

함으로써 학문적으로도 연구할 수 있고, 공론화할 수 있는 분위기를 조성한 것으로 보인다.

아끼히또의 발언에 대한 반응은 한일 양국에서 전혀 다르게 나타났다. 무너졌다고는 하지만 만세일계의 황통사상에 대한 금기 중의 금기의 일부를 천황이 앞장서서 깨뜨렸는데도 불구하고 일본에서는 진보적인 『아사히신문(朝日新聞)』만이 이 사실을 보도하고 여타 신문들은 한국 신문의 보도를 인용하는 형태를 취하면서 소개하는 데 그쳤다. 일본에서는 아직까지도 천황가는 물론이고 모계가 백제에서 유래했다는 사실조차도 매스컴이 직접 공론화하기를 꺼리고 있다는 이야기이다.

반면에 한국에서는 아끼히또의 발언을 각 신문들이 대서특필했다. 그리고 한걸음 더 나아가 학문적으로 받아들이기 어려운 사실을 바탕으로 캄무천황의 어머니는 물론이고, 15대 오오진천황(應神天皇, 5세기 초)이나 26대 케이따이천황(繼體天皇, 재위 507~31), 37대의 사이메이천황(齊明天皇, 재위 655~61, 35대 코오교꾸천황皇極天皇이 다시 등극함) 등의 백제인설까지도 소개하였다. 한국의 매스컴들은 어떻게 해서라도 천황가가 백제에서 유래했다고 하고 싶은 것이다. 일본의 매스컴은 한국에 대한 고대의 콤플렉스를 공론화하고 싶지 않은 것이고, 한국의 매스컴은 일본에 대한 근대의 콤플렉스를 고대의 우월성을 통해서 해소시키려 한 것이다.

이 경우 한국 매스컴이 주의해야 할 점은 과거 한일합방의 역사적 근거도 양 민족의 조상이 같다는 설을 배경으로 나왔다

는 사실이다. 따라서 고대에 백제와 일본이 어떠한 틀 속에서
왕가 사이의 특수한 관계가 생겨났는지를 밝혀야지 단순히 양
국 왕실간의 특수한 혈연관계만을 강조한다면 또다시 '일선동
조론(日鮮同祖論)'과 같이 강자가 약자를 병탄하는 이론을 제공
하게 될 것이다.

여관까지도 백제계를 고집한 캄무천황

일본의 천황 아끼히또의 '모계백제설'에 대한 발언으로 한국
에서는 캄무천황에 대한 관심이 높아져 텔레비전의 특집프로그
램으로까지 다루게 되었다.

역사상 일본의 대표적인 수도인 쿄오또(京都)와 토오꾜오
(東京)로 천도한 천황은 캄무천황과 메이지천황(明治天皇, 재위
1868~1912)이다. 그래서 쿄오또 사람들은 캄무천황을 신으로 모
시는 헤이안신궁(平安神宮)을 쿄오또에 세웠고, 토오꾜오 사람
들은 메이지천황을 신으로 모시는 메이지신궁(明治神宮)을 토
오꾜오에 세웠다.

쿄오또를 수도도 정했던 캄무천황은 천황으로 즉위하기 전
인 시라까베왕자(白壁王子)와 백제계 왕족인 타까노노니이까
사(高野新笠)의 장자로 태어났다.

『속일본기』에는 타까노노니이까사를 장례지낸 기록에 덧붙
여 "황태후(皇太后)의 성은 야마또(和)씨이고 이름은 니이까사
(新笠)이다. 황태후의 선조는 백제 무령왕의 아들인 순타태자
(淳陀太子)이다. 황후는 용모가 덕스럽고 정숙하여 일찍이 명

쿄오또로 천도한 캄무천황을 신으로 모시는 헤이안신궁.

성을 드러냈다. 코오닌천황(光仁天皇, 재위 770~80)이 아직 즉위
하지 않았을 때 혼인하여 맞아들였다. 지금의 임금과 사와라친
왕(早良親王), 노또내친왕(能登內親王, 천황의 딸이거나 누이동
생)을 낳았다. 호오끼(寶龜, 770~80) 연간에 타까노아손(高野朝
臣)으로 성(姓)을 바꿨다. 지금의 임금이 즉위하자 높여서 황태
부인이라 했는데 9년에 존호를 더 높여 황태후라 했다"라고 백
제의 무령왕에서 유래한 그 일족의 내력에 대해서 이례적으로

자세히 언급하고 있다. 그리고 아메노따까시라스히노미꼬히메
(天高知日之子姬尊)라는 시호를 내리면서 "백제의 먼 조상인
도모왕(都慕王, 고구려의 동명왕東明王)은 하백(河伯)의 딸이 태
양의 빛에 감응해서 낳은 자식인데 황태후는 바로 이 후손이다.
따라서 이 시호를 봉한다"라고 백제와 관계가 있음을 강조하고
있다.

캄무천황은 조정에서도 드러내놓고 백제계를 중용했다. 타
까노노니이까사의 조카인 야마또노아손 이에마로(和朝臣家麻
呂, 옛 타까노씨高野氏)를 재상급에 등용하는 『속일본기』의 대목
을 보면 그는 재상급으로서의 능력이 부족했음에도 불구하고
외척이기 때문에 발탁했다고 적고 있다. 그리고 번국(蕃國, 오
랑캐의 나라) 출신의 재상 등용이 그에게서 시작되었다고 쓰고
있다. 백제계를 칭하는 사람으로는 그가 첫 재상이었다는 이야
기이다. 선광(善光)의 자손인 쿠다라노현경(百濟玄鏡), 쿠다라
노경인(百濟鏡仁), 쿠다라노인정(百濟仁貞) 등을 중용했는데
특히 쿠다라노인정은 한꺼번에 직급을 두 단계나 올려주면서
자신의 외척이기 때문이라고 명언하고 있다. 그밖에도 『속일본
기』를 편찬한 사람 중 한 사람이기도 한 스가노노아손 자네미
찌(管野朝臣眞道)도 장관급으로 등용되어 캄무천황의 총신(寵
臣)으로 이름을 날렸다.

캄무천황은 외척인 타까노아손씨뿐만 아니라 백제 의자왕의
아들인 선광의 자손 등 백제계를 드러내놓고 우대하였던 것이
다. 그리고 외조모인 한반도계의 하지(土師)씨 일족에게까지도

오오에노아손(大技, 大江朝臣), 아끼시노아손(秋篠朝臣), 스가하라노아손(管原朝臣) 등 유력 씨족이나 칭할 수 있는 아손(朝臣)의 성을 하사하였다.

무인(武人)으로서 최고직은 정이대장군(征夷大將軍)이었다. 후일 바꾸후(幕府)의 책임자를 쇼오군(將軍)이라고 부르는 것도 바로 이 정이대장군의 약칭이다. 그런데 당시 일본 최북방의 에미시(蝦夷)를 토벌하기 위해서 백제계의 야마또노아야(東漢)씨 일족인 사까노오에노따무라마로(坂上田村麻呂)를 정이대장군에 임명했는데(794), 정이대장군의 직명이 오랫동안 무문(武門)의 영예로 여겨지게 된 것은 그에게서 비롯되었다. 후지와라노나까마로(藤原仲麻呂)의 난(764)을 평정하여 이름을 떨친 그의 아버지 사까노오에노까리따마로(坂上刈田麻呂)도 캄무천황 4년(785)에 장관직에 올랐다.

캄무천황은 조정뿐 아니라 주변에서 생활을 돌봐주는 여관(女官)들까지도 백제 여인들로 채웠다. 캄무천황은 자신의 거처인 후궁에 적어도 아홉 명의 백제 여인을 옆에 두고 있었다. 의자왕에게는 풍장(豊璋)과 선광(善光)이라는 두 아들이 있었는데 선광은 일본에서 백제왕이라는 칭호를 받는 등 조정의 환대를 받았다. 그의 3대손인 경복(京福)의 손녀 중에 명신(明信)이라는 여인이 있었는데 캄무천황은 그녀를 총애하여 조정의 여관장으로 삼았다. 그리고 교인은 오오따친왕(大田親王)을 낳았다. 여관은 높은 지위는 아니지만 천황의 생활을 돌봐주는 사람으로서 입김이 크게 작용하던 사람이다. 따라서 백제계 여성

코오또를 대표하는 신사인 히라노신사. 히라노신사에는 네 명의 백제계 조상신이 모셔져 있다.

들을 여관으로서 선정한 것은 이미 오랫동안 백제인의 생활양식에 익숙해 있었다는 이야기가 되고 그것은 백제계 어머니 타까노노니이까사나 외조모와도 무관하지 않을 것이다.

코오또를 대표하는 신사인 히라노신사(平野神社)에는 네 명의 백제계 조상신이 모셔져 있는데 네번째 조상신이 타까노노니이까사이다. 이마끼노까미(今來神)는 본래 '새로 도래한 신'이라는 뜻으로 백제 멸망 후 일본에 망명한 사람들의 후손들이 모국에서 조상들이 모시던 신을 모신 것 같다. 코도노까미도 가마신은 부엌신을 뜻하는데 부엌신을 모시는 풍속도 이마끼노까미와 함께 한반도에서 건너간 사람들에 의해 전파된 것으로 보인다. 그런데 히라노신사의 네 신은 캄무천황이 794년 나라(奈

良)에서 쿄오또로 천도하면서 지금의 자리로 옮긴 것이다.

캄무천황은 백제계를 중용했을 뿐만 아니라 천도하면서 백제계의 신까지도 옮겼다. 그리고 백제계 여인을 여관으로 채용하여 생활까지도 백제식을 고집하였다. 공과 사를 불문하고 전적으로 백제계에 의존했다는 이야기이다.

어머니도 할머니도 백제계

캄무천황의 어머니인 타까노노니이까사의 조상이라는 무령왕은 461년 일본으로 건너가다가 태어난 기록만 보이고 501년 등극할 때까지의 행적이 전혀 보이지 않는다. 그리고 타까노노니이까사의 직접 조상이라는 무령왕의 아들 순타태자도 도일한 기록은 없고 사망한 기록만 『일본서기』513년 기록에 보인다. 따라서 순타태자는 무령왕이 일본에서 결혼하여 태어난 아들로 추측된다.

순타태자의 자손들은 야마또노후히또(和史)를 칭했다. 그들은 대대로 야마또(大和)조정에서 기록을 담당하는 일을 했다. 684년에 '팔색의 성(八色姓)'이라는 것이 제정되었는데 그중에서 제2위에 해당되는 성이 아손(朝臣)으로 처음에는 황별씨족(皇別氏族)의 유력자에게만 주어졌다. 그러나 뒤에는 유력 씨족은 전부 아손을 칭하게 되었다. 야마또노후히또씨도 호오끼(寶龜) 연간에 타까노노아손(高野朝臣)으로 개성한다.

캄무천황의 어머니 타까노노니이까사의 일족인 야마또노후히또씨는 조정에서 기록을 담당하던 씨족이었던만큼 지적 재산을 가장 많이 가졌던 씨족이었다고 해도 과언이 아니다. 당시 일본의 율령제(律令制)는 백제계 사람들이 거의 지탱했다고 볼 수 있다. 율과 영으로 통치되는 율령제는 일종의 관료국가 운영 제로서 율령제를 운영하려면 지식인이 필요하였다. 그런데 때 마침, 백제가 멸망하면서 지식인층이 대거 일본으로 건너갔다. 야마또노후히또씨는 관료층을 형성하였던 백제계의 중심에 있 었을 것으로 짐작할 수 있다.

한편 캄무천황의 아버지인 시라까베왕자(白壁王子)는 텐지 천황(天智天皇)의 손자이다. 당시 일본 황실에서는 시라까베왕 자의 조부인 38대 텐지천황계와 그 아우인 40대 템무천황(天武 天皇), 45대 쇼오무천황(聖武天皇)계가 황위를 둘러싸고 쟁투 를 벌였다. 텐지천황은 663년 백제부흥운동을 지원하기 위해서 무리하게 400여척의 배와 2만 7천여명의 군대를 보냈다가 대패 한 장본인이다. 그리고 템무천황은 672년 '진신(壬申)의 난'을 일으켜 백제 구원에 실패한 텐지천황 정권을 무너뜨리고 황위 에 올랐으며, 신라와 손잡고 당에 대항한 인물이다. 따라서 텐 지천황이 백제와 인연이 깊었던 반면 템무천황은 신라와 인연 이 깊었던 인물이다. 그러나 캄무천황의 아버지인 시라까베왕 자가 49대 코오닌천황(光仁天皇)으로 즉위할 때까지는 신라와 가까운 관계였던 템무천황과 쇼오무천황계가 황위를 독점하였 다.

이런 상황에서 시라까베왕자가 의지할 수 있는 곳은 관료계 의 핵심이었던 백제계밖에는 없었다. 그런데 시라까베왕자의 어머니도 백제목(木＝키紀)씨의 후예로 보이는 기노또라노희메(紀橡姬)였다. 시라까베왕자가 백제계를 대표하던 유력씨족 출신인 타까노노니이까사를 아내로 맞아들인 것도 결코 우연으로 볼 수 없다. 그리고 백제계를 배경으로 하고 어머니도 할머니도 백제계였던 캄무천황이 공개적으로 백제계에 의존한 것도 우연일 수는 없다.

이마끼노까미까지도 모시고

시라까베왕자는 백제계의 여인을 어머니로 두고 백제와 뗄 수 없는 관계에 있던 텐지천황 계열의 후계자였다. 반면에 니이까사(新笠)는 조정에서 백제계의 구심점 역할을 하던 타까노(高野)씨 출신이다. 따라서 두 사람의 만남은 아주 자연스러웠다. 텐지천황의 손자로 황위 계승 싸움에서 실패한 집안에서 태어난 시라까베왕자가 우여곡절 끝에 황위에 오른 것은 그의 나이 예순둘 되던 때였다. 따라서 그의 등극은 템무천황과 쇼오무천황계의 황통과는 완전히 절연한 새로운 왕조의 창시를 의미했다.

그러나 시라까베왕자가 코오닌천황으로 등극한 뒤에도 타까노노니이까사는 도래인의 후예였기 때문에 황후가 될 수 없었다. 황후는 원칙적으로 천황의 자매나 딸만이 될 수 있었기 때문이다. 시라까베왕자의 장자이던 야마베왕(山部王, 뒤의 캄무천황)도 황후의 아들이 아니었기 때문에 역시 황태자가 될 기회가 없었다. 따라서 쇼오무천황의 딸인 이노우에내친왕(井上內親

王)이 황후가 되었고 그 소생인 타꼬황자(他戶皇子)가 황태자가 될 수밖에 없었다.

야마베왕은 770년 8월 시라까베왕자가 황태자가 되자 대학두(大學頭)로서 종사위하(從四位下)가 수여되어 시종(侍從)에 임명되었다. 그해 10월 시라까베황태자가 즉위했으므로 11월 6일 친왕(천황의 형제나 아들)이 되었고 4품이 주어졌다. 771년 3월에는 중무성(中務省)의 장관이 되었다. 그런데 772년 황후와 그 측근이 타꼬황자를 추대하기 위해서 코오닌천황을 저주하던 사건이 발각되어 황후와 타꼬황자가 유폐되었다. 따라서 야마베왕은 773년 2월 서른일곱살에 황태자가 되었고 8년 뒤인 781년 아버지 코오닌천황이 병사하자, 4월 마흔다섯살로 즉위했다.

즉위 직후인 781년에 템무천황과 쇼오무천황계의 세력이 일으킨 히까미노까와즈꾸(氷上川繼)의 모반사건이 일어나서 정국이 불안한 가운데 흉작과 질병이 겹쳤다. 8월에는 흉흉한 민심을 일신하기 위해서 엔랴꾸(延曆)라고 개원하고 784년에는 야마시로(山背)의 나까오까(長岡)로 천도했다. 야마시로는 텐지천황이나 한반도계와 관계가 깊은 곳이었다. 캄무천황은 템무천황계의 황통과 지나치리만큼 대립의식이 강했고 자신의 황통이 한반도계의 피를 받았음을 강하게 의식하였으므로 템무천황계의 황도로서의 성격이 강한 나라(奈良) 대신에 야마시로에 새로운 수도를 건설하여 왕권의 기초를 확립할 생각이었다.

그러나 나까오까꾜오(長岡京)를 조영하던 785년 권력투쟁의 와중에서 캄무천황의 총신 후지와라노따네쯔구(藤原種繼)가

사살되고 황태자이자 동생이었던 사와라친왕(早良親王)이 폐위되는 사건이 일어났다. 그리고 천황의 적자인 열두살의 아사까친왕(安積親王)이 황태자가 되었다. 그후 천황은 아와지(淡路)로 이송되는 도중에 죽은 사와라친왕의 원령(怨靈)을 두려워해서 793년 다시 야마시로의 헤이안(平安, 지금의 쿄오또)으로 천도를 결정했다. 그리고 다음해 10월 천도를 했다. 천도를 결정한 793년 8월부터 사에사세진(佐伯成人)의 모살 등 사와라친왕측과 계속하여 암투를 벌인 것으로 보인다. 797년부터는 폐위된 사와라친왕의 영(靈)에 대한 진사(陳謝)가 자주 행해졌다. 805년에는 백성들의 고통을 감안해서 2대 업적인 에미시(蝦夷)정벌과 헤이안쿄오(平安京)의 건설을 중단했다. 그때부터 병이 들어 806년 3월에 죽었다.

칸무천황은 즉위 전에 많은 직(職) 중에서도 국립대학의 총장 격인 학두직(學頭職)을 맡았다. 학두직은 주로 백제계가 맡던 직책으로 조정에서 기록을 담당하던 어머니 쪽과 무관하지 않은 직이다. 그럼에도 불구하고 칸무천황이 학두직을 맡았다는 것은 백제계를 향한 자부심이 대단했었음을 증명하는 일이기도 하다.

칸무천황은 템무천황과 쇼오무천황계에게서 어렵게 황권을 되찾았다. 황태자가 되는 과정부터 권력투쟁의 연속이었다. 격렬한 권력투쟁 속에서 칸무천황이 의지할 곳은 부모 양계의 기반이고 관료계의 핵심을 이루던 백제계밖에는 없었다고 생각했을 것이다. 그렇기 때문에 공개적으로 백제계와 관계가 깊음을

강조하고 백제계를 우대한 것이다. 그리고 템무천황과 쇼오무
천황계의 황도로서의 성격이 강한 나라(奈良) 대신에 수도까지
도 야마시로의 헤이세이(平城)로 천도하면서 이마끼노까미(今
來神)까지도 모시고 갔던 것이다.

제5장

일본은 신라와 어떻게 화해했나

평양 이남은 신라에게

역사상 한국·중국·일본의 동아시아 삼국이 뒤엉켜서 싸운 전쟁이 세 번 있었다. 백제·고구려·일본의 연합군과 당(唐)·신라의 연합군이 싸운 663년의 백촌강싸움, 일본과 조선·명의 연합군이 싸운 1592년의 임진왜란, 한반도에서 청(淸)과 일본이 싸운 1894년의 청일전쟁이 그것들이다. 그 특징은 하나같이 한반도가 전쟁터였다는 것이다.

일본은 백촌강싸움에서 연합했던 백제·고구려가 멸망함(백제 663, 고구려 668)에 따라 한반도와 연결된 끈이 완전히 단절되어버린다. 적대관계에 있던 신라와 당이 한반도를 장악하게 되었기 때문이다. 따라서 지정학적으로 한반도와는 뗄 수 없는 관계였던 일본으로서는 신라와 어떻게 관계를 회복하느냐가 당면과제가 되지 않을 수 없었다.

당은 660년 백제를 멸망시킨 다음 소정방(蘇定方)의 낭장(郎
將) 유인원(劉仁願)에게 사비성(泗沘城, 부소산성扶蘇山城)을 지
키게 하는 한편 백제의 옛 땅에 5도독부(五都督府)를 설치하여
직접 지배하려는 계획을 세웠다. 그리고 663년 백촌강싸움에서
백제부흥운동을 완전히 제압한 다음 665년 8월에는 웅진도독
(熊津都督)으로 임명한 백제 의자왕(義慈王, 재위 641~60)의 아
들 부여융(夫餘隆)과 신라의 문무왕(文武王, 재위 661~81)에게
취리산(就利山)에서 신라와 백제의 국경을 확정하는 회맹(會
盟)을 하게 한다. 당이 백제의 옛 땅을 직접 통치하려는 의도를
분명히한 것이다.

그런데 『삼국사기(三國史記)』 문무왕 11년(671) 기록 속의
문무왕 회고에는 648년 구원을 청하기 위해서 입당한 김춘추
(金春秋)에게 당 태종(太宗, 재위 626~49)이 언급한 내용이 실려
있다. "선왕(김춘추)이 648년 중국에 들어가 태종의 은칙(恩勅)
을 받았을 때 당 태종이 '내가 지금 고구려를 치는 것은 다른
까닭이 아니라 그대 신라가 고구려와 백제 양국에 핍박을 받아
편안할 때가 없음을 애달피 여김이니 산천토지는 내가 탐하는
바가 아니며 재물이나 여자도 내가 가지고 있는 것이다. 내가
고구려와 백제 양국을 평정하면 평양 이남 백제 토지는 다 그대
신라에게 주어 길이 편안하게 하려 한다'"고 말한 것으로 되어
있다. 당이 백제의 옛 땅을 신라에게 준다고 약속했음은 『구당
서(舊唐書)』 백제전(百濟傳)의 도침(道琛)과 복신(福信)이 사자
(使者)를 유인궤(柳仁軌)에게 보내서 "들으니 대당(大唐)과 신

라가 서약하여 백제인은 노소를 불문하고 전부 죽인 연후에 백제를 신라에게 준다"라고 했다는 말로도 알 수 있다.

당 태종은 입당한 김춘추에게 백제와 고구려를 평정하면 "평양 이남, 백제 토지는 다 그대 신라에게 주"겠노라고 약속을 했던 것이다. 평양 이남을 신라에게 준다는 약속을 했다는 것은 곧 평양 이북은 당이 차지하기로 했다는 이야기가 된다. 당시 두 사람 사이에는 백제와 고구려를 정토(征土)하기로 하고 그 정토가 성공하는 경우에는 백제의 옛 땅은 신라가, 고구려의 옛 땅은 당이 차지하기로 약속을 했던 것이다. 그런데 당이 백제의 옛 땅을 직접 지배하려고 했다는 것은 당 태종이 김춘추에게 한 약속에 위배되는 것이다. 따라서 신라가 반발하지 않을 리가 없었다.

오랜 원한을 풀고

당은 백제를 멸망시킨 뒤 백제의 옛 땅에는 웅진도독부(熊津都督府)를 두고 신라에는 계림대도독부(鷄林大都督府)를 두는 한편 고구려 정토를 한단계씩 진행시킴으로써 한반도 전체를 직접 지배하려는 의도를 노골적으로 드러냈다. 당이 한반도 전체를 직접 지배하게 되면 자연히 그 다음 목표는 일본이다. 그러나 백촌강싸움에서 패배한 일본이 다시 출병하여 고구려를 지원할 수도 없는 일이었다. 그래서 일본은 쯔시마(對馬), 북큐우슈우(北九州), 시모노세끼(下關), 시꼬꾸(四國), 오오사까(大阪) 등 일본으로 진격해들어가는 중요 길목에 방어체제를 구축하면서 대비하는 수밖에 없었다.

그런데 당이 백제를 정토한 것은 고구려를 정토하기 위한 하나의 방법이었다. 그러므로 당은 고구려 정벌의 후방기지가 될 백제의 옛 땅을 하루빨리 안정시킬 필요가 있었다. 백제의 옛 땅을 안정시키기 위해서는 백제를 지원하던 일본과 안정된 관계를 유지시킬 필요가 있었다. 그래서 당은 백제부흥운동을 제압한 직후인 664년과 665년 연달아 곽무종(郭務悰)과 유덕고(劉德高)를 일본에 보내서 국교재개를 요구했다.

당이 일본에게 국교재개를 요구한다는 것은 일본을 침공하지 않겠다는 사실을 전제로 한다. 당의 침공위협에 떨고 있던 일본으로서는 일단 당의 요구를 수용하지 않을 수 없었을 것이다. 그래서 일본은 유덕고의 방일에 대한 답사로서 665년 소금(小錦) 모리끼미 오이하(守君大石)를 당에 파견한다. 그 결과 표면적으로는 663년 백촌강싸움 이래 양국간의 적대관계가 해소된다.

한편 신라는 당이 고구려 정토를 끝마치면 그 다음 상대가 자신이라는 것을 잘 알고 있었다. 당은 백제와 고구려를 평정하면 평양 이남의 백제땅을 신라에게 주겠다는 약속을 어기고 백제는 물론 한반도 전체를 직접 지배하려는 야욕을 분명히 드러냈던 것이다. 이런 상황에서 당과 일본이 화해했다는 것은 신라로서는 앞과 뒤로 적을 맞는 격으로 간과할 수 없는 일이었다.

그러나 신라로서는 당과 정면대결할 것을 각오하지 않는 한 일본에 접근할 수도 없는 처지였다. 당과 긴장감이 고조되는 가운데 당이 손을 뻗치고 있는 일본에 접근한다는 것은 당에 대한 도전을 의미하는 것이기 때문이다. 신라가 일본에 더욱 접근하기 어려웠던 점은 백촌강싸움에 당을 끌어들인 장본인이 신라였기 때문이다.

신라는 고구려가 멸망한 다음해인 669년 고구려 왕실의 안승(安勝)이 투항해오자 그를 금마저(金馬渚, 오늘날의 익산)에 안치시킨다. 그리고 다음해인 670년 검모잠(劍牟岑)이 당을 상대로 난을 일으키자 이에 호응해서 2만의 군을 파견하는 한편, 당이 차지하고 있던 백제의 옛 땅에 대해서도 대대적인 공세를 취하기 시작한다. 신라는 이미 고구려가 멸망한 전후 시기부터 고구려와 백제의 옛 땅에서 당과 대결할 준비를 하고 있었던 것이다.

당과 신라의 연합군이 평양을 함락시키는 것이 668년 9월 13일이다. 그리고 다음해부터 신라가 백제의 옛 땅에 대한 전면적인 공세를 취하기 시작한다. 그런데 평양성의 함락을 목전에 둔 668년 9월 12일 돌연 신라의 급창(級滄) 김동엄(金東嚴) 등이 일본을 방문한다. 신라사(新羅使)의 일본 방문은 656년 양국관계가 실질적으로 단절된 지 12년, 백촌강싸움이 끝난 지 5년 만의 일이었다. 따라서 김동엄의 도일은 당과 대결하기에 앞서 배후를 안정시키기 위한 것으로 볼 수 있다. 백촌강에서 싸운 일본과 적대적인 관계를 풀지 않은 상태에서 당과 다시 전면전쟁을 할 수는 없었기 때문이다.

한편 일본은 당의 요청으로 국교를 재개하기는 하였다. 그러나 신라와 당의 긴장관계가 고조됨에 따라 당이 백제에 이어 고구려까지 멸망시킨다면 다음 목표는 신라가, 또 신라가 무너진다면 그 다음 목표는 자신들이 될 것이라는 사실도 분명히 알고 있었다. 따라서 당보다도 신라와 손을 잡을 필요가 있었다.

『삼국사기』 문무왕 11년(671) 기록의 문무왕 회고에는 "669년 웅진이 소식을 통하여 말하되 당이 선함을 수리하여 밖으로 왜국을 친다고 핑계하며 실상은 신라를 치려고 하였으므로 백성들이 듣고 놀라고 불안해하였다"라고 되어 있어서 사실 여부를 떠나서 당이 일본을 정벌한다는 소문이 나돌고 있는 상황이었다. 그러나 신라가 그랬던 것처럼 일본도 먼저 신라에게 접근할 수 없는 처지였다. 당과 신라의 대립이 고조되고 있는 가운데 신라에 접근한다는 것은 곧 당에 대한 도전을 의미하기 때문이다. 따라서 일본으로서도 신라의 태도를 지켜볼 수밖에 없는 처지였다. 그러한 때에 신라의 김동엄이 일본을 방문한 것이다. 김동엄의 방문은 일본으로서는 불감청(不敢請)이언정 고소원(固所願)이었다고 할 수 있었을 것이다.

668년 9월에 도일한 김동엄의 귀국에 즈음해서 일본은 신라의 왕에게 '비단 오십필, 면 오백근, 가죽 일백매'를 보내고 사신 김동엄에게도 따로 선물을 준다. 그리고 일본의 실력자인 나까또미노까마따리(中臣鎌足)가 신라의 실력자인 김유신(金庚信)과 신라의 왕(문무왕)에게 각각 배 한 척씩을 따로 선물하였다. 또한 김동엄의 일본 방문에 대한 답사로서 소산하(小山下) 미찌모리노오미마로(道守臣麻呂), 길사(吉士) 오히비(小鮪) 등을 신라에 함께 보냈다. 일본 조정이 신라의 왕에게 공식적으로 선물을 보낸 일도 전례가 없었지만 일본의 실력자가 개인적으로 신라의 실력자와 왕에게 따로 선물을 보냈다는 사실도 전무후무한 파격적인 조치였다. 더구나 신라와는 오랫동안 적대적인 관계였으니까 말이다. 신라의 접근에 대해서 일본이 얼마나 적극적으로 임했는가를 잘 보여주는 사례이다.

신라의 왕과 김유신에게 선물을 보내 신라와 새로운 관계를 정립시키는 데 앞장선 나까또미노까마따리는 645년 친백제정권을 타도하고 신라·일본·당의 삼국연합체제를 만든 장본인으로 그전부터 김유신과도 무관하지는 않은 사람이다. 까마따리와 손을 잡고 삼국연합체제를 만드는 데 앞장섰던 김춘추가 김유신과 사적으로나 공적으로 뗄 수 없는 인물이었기 때문이다. 그리고 신라와 국교를 재개한 것은 백촌강싸움 이래 대당(對唐) 방위체제를 강화하고 고구려와 우호관계를 유지하려던 까마따리의 기존 정책과도 합치되는 것이다. 백촌강싸움에서 패배한 이래 당의 침입에 전전긍긍하던 일본이 신라와 손을 잡을 수 있는 드디어 기회가 온 것이다.

다시 연합시대로

김동엄이 귀국한 다음해인 669년 9월부터 신라와 당의 싸움이 본격적으로 시작된다. 그리고 신라는 670년부터 구 백제땅에 대해서 총공세를 가하기 시작해 671년 6월부터 8월 사이에는 웅진과 사비를 함락시키고 사비에 소부리주(所夫里州)를 설치한다. 최후의 공방이 벌어지던 671년 6월과 10월에 걸쳐서 신라는 일본에 세 차례나 사신을 파견한다. 이에 대해서 웅진도독부측에서도 일본에 네 차례나 사신을 파견한다. 일본이 아직 당과 관계를 공식적으로 단절한 것은 아니었기 때문이다.

웅진도독부측이 일본에 파견한 네 차례의 사신 중에서 마지막으로 파견된 인물이 곽무종(郭務悰)이다. 곽무종은 신라가 사비를 함락시킨 지 세 달 뒤인 671년 11월 2천여명이나 되는 대규모의 사절단을 거느리고 일본을 방문하여 원군을 요청한다. 2천여명이라는 사절단은 전무후무한 규모이다. 따라서 그들의 움직임이 궁금해진다.

『일본서기(日本書紀)』671년 11월 기록에 의하면 곽무종은 쯔시마에 도착하기 직전에 먼저 일본을 방문할 뜻을 전달한다.

쯔시마국의 책임자가 사자(使者)를 쯔꾸시(북큐우슈우) 태재부(太宰府, 대외 및 큐우슈우의 총관할부)에 보내 "이달 2일 사문 미찌히사(沙門道久), 쯔꾸시노끼미 사찌노야마(筑紫君薩野馬), 카라시마노스구리사바(韓嶋勝娑婆), 누노시노오비도이하(布師首磐) 등 네 명이 당에서 돌아와서 당의 사신 곽무종 등 600여명과 송사(送使)·사택(沙宅)·손등(孫登) 등 1,400명을 합쳐 총 2천여명이 배 47척을 타고 히찌섬(比知島)에 정박하여 서로 말하기를 지금 우리의 사람과 배가 다 많으므로 갑자기 가면 저쪽의 방인(邦人)들이 놀라고 동요하여 활을 쏘아 싸우려고 할 것이다. 먼저 미찌히사(道

久) 등을 보내 미리 내조의 뜻을 펴 말씀드립니다"라고 보고
하였다.

쯔꾸시에 도착하여 대기하다가 672년 3월 텐지천황(天智天
皇)이 죽었다는 소식을 듣고 다시 서함(書函)을 바친 다음 5월
에 "갑주(甲冑, 갑옷과 투구)와 궁시(弓矢, 활과 화살), 그리고 굵
은 비단 1,673필, 피륙 2,852단, 솜 666근"을 받아서 귀국한다.

곽무종은 일본을 방문할 뜻을 전달한 후 4개월 이상 대기하
다가 서함을 바쳤고, 서함을 바친 두 달 뒤에야 군수물자를 받
고서 돌아갔다. 당시 곽무종은 웅진도독부가 함락된 절체절명
의 상태였다. 그러므로 곽무종이 일본에게서 얻어야 하는 것은
군사원조밖에는 없었다. 그러나 일본의 입장에서 신라와 싸우
고 있는 당에게 원군을 제공한다는 것은 당의 일본 침입을 자초
하는 행위이다. 게다가 당이 일본을 침입한다는 소문이 나돌고
있는 상황이기도 했다.

그렇기 때문에 일본으로는 곽무종의 요청을 받아들일 수도
거절할 수도 없었다. 특히 당의 요청을 거절한다는 것은 당이
일본을 침입하는 것을 정당화시키는 결과를 초래할 가능성이
크기도 했다. 따라서 당에 대해서 공개적으로 적대적인 태도를
취할 필요는 없었다. 그래서 일본은 반년 동안을 끌다가 원군은
제공하지 않고 체면치레로 약간의 군수물자만을 주어서 돌려보
냈던 것이다.

하지만 당의 입장에서 볼 때에는 원군 요청을 거절당한 셈이

다. 곽무종이 귀국한 다음 당에서는 일본에 사자를 전혀 보내지 않았다. 일본측에서도 702년까지 30여년이나 견당사(遣唐使)를 파견하지 않았다. 곽무종의 원군 요청을 거절함으로써 일본은 완전히 친(親)신라 쪽으로 방향을 잡은 셈이다.

당이 669년부터 신라와 싸우기 시작해서 결국 패배한 뒤 한반도에서 완전히 철수하는 것이 677년이다. 그 기간에 일본에서는 668, 670, 675, 676년에 신라사(新羅使)를 파견한다. 그리고 신라에서도 668, 669, 671, 672, 673년 등 거의 매년 사자가 도일하였다. 나당전쟁중에도 일본이 신라와는 긴밀한 관계를 유지하고 있었음을 의미한다.

백촌강싸움 이래 일본이 신라와 당의 대립 속에서 신라와 불편했던 적대관계를 해소하고 친신라정책으로 선회하게 된 계기는 668년 김동엄의 도일이었다. 그리고 곽무종이 요청한 원군을 거부한 것은 신라와 손잡고 당에 대항하려는 태도를 분명히 한 사건이라고 할 수 있다. 한반도 삼국과 일본의 관계는 당시의 국제정세에 의해서 결정되었던 것일 뿐, 영원한 적(敵)도 영원한 동지도 없었던 것이다. 분단되어 있는 남북과 일본의 관계도 마찬가지일 것이다.

3부

천황이 지배하는 나라 일본

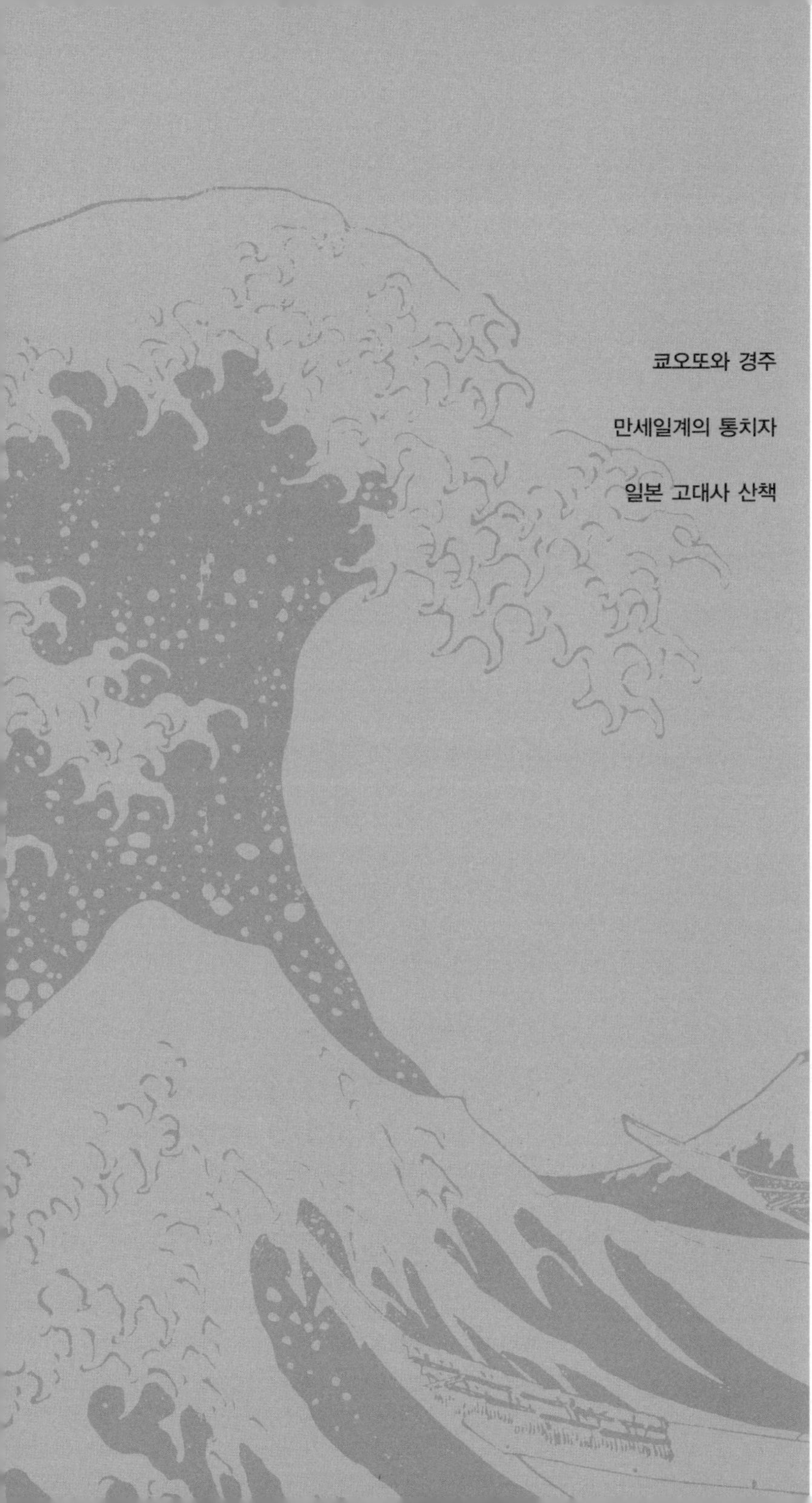

쿄오또와 경주

만세일계의 통치자

일본 고대사 산책

제1장

쿄오또와 경주

쿄오또와 경주

몇백년 된 건물들로 이루어진 빠리의 구시가지 속에 들어가
면 갑자기 몇백년 전의 과거 속에 서 있는 듯한 착각에 빠지게
된다. 따라서 구시가지에서 초현대식 고층건물들로 이루어진
신시가지를 바라보면 그 건물들은 마치 몇장의 판자들을 맞춰
놓은 듯한 느낌마저 든다. 그리고 왜 서구사람들이 세계의 맹주
임을 자랑하는 미국을 무시하는지 알 것 같기도 하다. 미국은
첨단문명을 자랑하지만 거기에는 과거와 대화할 수 있는 어떤
끈도 없기 때문일 것이다.

그런데 쿄오또(京都)의 거리를 거닐면 도처에서 역사의 숨
결이 느껴진다. 그리고 그 숨결은 고대만의 것이 아니라 중세,
근세를 거쳐서 현대에까지 이른다. 쿄오또는 현대에 이르기까
지 항상 역사의 중심에 서 있었기 때문이다.

쿄오또는 동·서·북이 산으로 둘러싸여 있고 그곳에서 비롯되어 완만하게 연결된 분지이다. 산들 사이사이에서 발달한 타가노천(高野川)·카모천(賀茂川)·카쯔라천(桂川)이 쿄오또분지의 남쪽에서 합류하여 요도천(淀川)을 이루면서 오오사까(大阪)로 흘러간다. 이런 점이 동·서·남이 산으로 둘러싸이고 그 산들 사이에서 생겨난 보문천(普門川)·인천(麟川)·남천(南川)·건천(乾川) 등의 냇물들이 경주분지에서 합류하여 북쪽의 형산강(兄山江)으로 흘러들어가는 경주(慶州)를 연상시킨다. 두 도시가 다같이 분지로 여름에는 덥고 겨울에는 추우며, 일교차가 큰 점도 닮았다.

쿄오또는 천황이 직접 통치하던 헤이안시대(平安時代, 794~1185)에는 명실공히 수도로서 모든 것의 중심이었다. 그리고 쇼오군(將軍)이 실권을 장악하고 무가(武家)사회가 전개된 카마꾸라바꾸후(鎌倉幕府, 1185~1333), 무로마찌바꾸후(室町幕府, 1336~1573), 에도바꾸후(江戶幕府, 1603~1867)시대에도 정치의 중심에서는 벗어나 있었지만 천황을 중심으로 한 조정은 여전히 쿄오또에 남아 있었다. 794년 천도(遷都)했을 때부터 메이지유신(明治維新)이 일어나 천황이 토오꾜오(東京)로 옮겨가는 1868년까지 쿄오또는 1천여년간 일본의 수도였다. 이 점에서는 기원전 57년부터 935까지 신라의 수도였던 경주와 비슷하다. 그러나 경주가 고대의 수도로 끝난 데 비해서 쿄오또는 고대뿐 아니라 중세와 근세에도 수도였고 그뒤에도 역사의 중심에 서 있었다.

천도하기 이전 쿄오또지역에는 신라에서 이주해간 하따(秦)

씨가 일찍부터 자리를 잡고 직기(織機)를 통한 양잠과 개척 등의 선진 산업기술을 바탕으로 막대한 재력을 축적하고 있었다. 한반도에서 이주해간 양대 이주집단의 하나라고 할 수 있는 백제계의 야마또노아야(東漢)씨가 일찍부터 아스까(飛鳥)지역에 자리를 잡은 데 비해서 신라계의 하따씨는 경주와 지형과 기후가 비슷했던 쿄오또분지의 우지마사(太秦)에 자리를 잡았던 것이다. 하따씨를 의지해서 나라(奈良)에서 쿄오또로 수도를 옮긴 이는 캄무천황(桓武天皇)이다. 그리고 그의 어머니는 한반도계인 야마또(和)씨의 타까노노니이까사(高野新笠)이다. 또 하따씨가 재력을 동원하여 그들의 본거지였던 동부에 중국의 장안(長安, 오늘날의 샨시성陝西省 시안西安)을 모방하여 건설한 본격적인 계획도시가 헤이안꾜오(平安京)로 오늘날의 쿄오또이다. 따라서 쿄오또의 역사는 하따씨와 함께 시작됐다고 할 수 있다.

일본의 국보 1호인 미륵반가사유상(彌勒半跏思惟像)이 안치되어 있는 곳이 바로 하따의 씨사(氏寺)이자 그들의 본거지에 있는 코오류우사(廣隆寺)이다. 코오류우사는 603년 신라에서 쇼오또꾸태자(聖德太子)가 받은 불상을 안치하기 위해서 우즈마사(太秦)의 하따노까와까즈(秦河勝)가 622년 창건한 쿄오또에서 가장 오래된 절이다. 그리고 이때 코오류우사에 안치한 불상이 바로 우리의 국보 83호인 금동미륵보살반가상(金銅彌勒菩薩半跏像)을 그대로 빼박은 듯한 미륵반가사유상으로 추정된다. 그러나 일본 사람들은 일본의 상징이고 쿄오또 하면 연상되는 국보 1호가 한반도에서 건너갔다는 사실을 인정하고 싶지

일본의 국보 1호인 코오류우사의 미륵반가사유상(왼쪽)은 우리의 국보 83호인 금동미륵보살반가상(오른쪽)을 빼박은 듯하다.

않았다. 그래서 코오류우사의 미륵반가사유상이 '일본에서 만들어졌느니 한반도에서 건너간 것이니' 하고 논쟁이 끊이지를 않았다. 그러나 최근 엑스선을 투시해본 결과 그 재료가 한반도에서만 나는 소나무의 결과 같다는 사실이 밝혀져 결국 한반도에서 건너간 것임이 입증됐다.

『삼국유사(三國遺事)』의 "절들이 하늘의 별같이 많다"는 내용에서도 알 수 있는 것처럼 경주는 절들로 뒤덮인 도시였다. 오늘날 그 웅장한 모습은 없어졌지만 황룡사(黃龍寺)·분황사(芬皇寺) 등의 유적을 통해서 그 영상은 우리들의 머릿속에 뚜렷이 남아 있다. 헤이안쿄오(平安京)도 오늘날 쿄오또의 상징처럼 되어버린 57미터 높이의 5층 목탑과 세계문화유산으로 지정된 토오사(東寺)를 비롯하여 히가시홍간사(東本願寺)·니시홍간사(西本願寺) 등 천도 당시부터 수많은 절들이 창건되기 시작하였다. '헤이안불교(平安佛敎)'라는 말에서도 알 수 있듯이 절들로 뒤덮인 도시가 됐다. 현재에도 시내에만 1,500개가 넘는 절들이 남아 있다.

그러나 귀족문화를 자랑하던 쿄오또도 무가정권으로 넘어가는 12세기 중반부터 역사의 격랑에 휩싸이기 시작한다. 캄무천황의 자손을 칭하는 타이라(平)씨가 최초의 무가정권이라고 할 수 있는 타이라씨정권(平氏政權, 1179~83)을 수립했기 때문이다. 그런데 타이라씨의 씨신(氏神)을 모시는 곳이 바로 하따씨가 코오류우사와 더불어 창건한 히라노신사(平野神社)이다. 코오류우사에서 멀지 않은 곳에 위치한 히라노신사는 캄무천황이 나라에서 천도할 때 옮겨온 백제계의 4신을 제신으로 모시고 있다. 그런데 그 4신 중의 하나인 이마끼노까미가 미나모토(源)씨와 더불어 일본 무가의 양대 축을 이루는 타이라씨의 씨신이 된 것이다. 한편 술〔酒〕의 신으로 유명한 마쯔오대사(松尾大社)와 전국 4만여 이나리사(稻荷社)의 총본산으로 서민신앙의 대표적인 존재이자 상업 번성, 오곡풍요의 신으로 참배객이 끊이

지 않는 후시미이나리대사(伏見稻荷大社)도 역시 하타씨가 창
건한 것이다.

하나미와 정원

천황이나 귀족들이 즐기던 오랜 귀족문화유산 중 하나가 꽃
구경인 하나미(花見)이다. 그리고 하나미 하면 빼놓을 수 없는
곳이 히라노신사(平野神社)이다. 현재 약 45종 500여그루의 벚
나무가 심어져 있는 히라노신사 경내는 벚꽃의 명소로 유명하
다. 특히 밤에 구경하는 벚꽃은 '히라노노요자꾸라(平野夜櫻)'
로 불리면서 사람들의 발길이 끊이지 않는다. 지금도 카잔천황
(花山天皇, 재위 968~1008)이 예로부터 행한 관례를 본따서 매년
4월 10일에는 벚꽃축제가 열린다.

벚꽃의 명소는 헤아릴 수 없이 많지만 기온심바시(祇園新橋)
의 불빛에 비치는 '요자꾸라'는 중세 이래 쿄오또 환락의 중심
지인 기온(祇園)거리와 함께 요염한 자태를 뽐낸다. 그리고 벚
꽃터널을 30여분간 산책할 수 있는 오까자끼유우호도오(岡崎遊
步道)나 2km에 걸쳐서 벚꽃·철쭉 등이 심어져 있는 사색로, 테
쯔가꾸노미찌(哲學道)도 빼놓을 수 없는 곳이다. 그러나 역시
쿄오또를 대표하는 벚꽃은 마루야마공원(圓山公園)의 중앙에
자리잡고 있는 '시다레 벚꽃'이다. 수양버들처럼 축축 늘어진
모습이 불빛에 비칠 때에는 환상적인 아름다움을 자랑하기 때
문이다.

하나미와 더불어 일본 문화를 대표하는 귀족문화유산은 정

원문화다. 쿄오또에는 귀족들과 황족들이 대대로 별장을 지었고 그 별장에 정원을 만들었다. 그중에서도 가장 대표적인 것은 무로마찌바꾸후 3대 쇼오군인 아시까가 요시미쯔(足利義滿)의 별장으로 세워져서 별장과 정원의 대명사가 되어버리고 오늘날 관광 쿄오또를 상징하는 킹까꾸사(金閣寺)이다. 석양에 비치는 킹까꾸(金閣)의 아름다움도 대단하지만 그 정원은 실제로 보지 않고는 이야기할 수가 없을 정도이다. 킹까꾸사의 킹꾜오찌(錦鏡池), 료오안사(龍安寺)의 쿄오요오찌(鏡容池)와 더불어 정원과 건물과 주위의 산들을 거꾸로 비추는 쿄오또의 세 개의 거울 중 하나라는 쿄오꼬찌(鏡湖池)의 잔잔한 물결에 비치는 킹까꾸사의 모습은 또다른 맛을 풍기기 때문이다.

그런데 킹까꾸사의 정원과는 전혀 성격이 다른 것이 1450년 호소까와 카쯔모또(細川勝元)가 건립한 료오안사의 석정(石庭)이다. 흰 모래밭 위에 단지 15개의 바위만을 배치한 이 석정은 어떻게 보면 대해에 떠 있는 섬들 같고, 어떻게 보면 운해(雲海) 속에 솟아 있는 산봉우리들 같다. 더욱 신비로운 것은 15개의 바위가 어느 방향에서 보든지 14개밖에는 보이지 않는다는 것이다. 그래서 '적으로부터 아기호랑이를 지키는 모습'이라고도 일컬어지고 있다. 예술적 소양이 부족한 나 같은 사람도 걸작이라는 느낌이 들 정도이다.

침략자의 상징이 된 승전비

오다 노부나가(織田信長)는 귀족적이고 온화한 이미지의 쿄오또와는 달리 결단력의 상징으로 회자되는 인물이다. 노부나가가 1582년 비운의 최후를 마친 혼노오사(本能寺)는 원래는 지금의 자리가 아니고 시죠오(四條)에 있었다. 당시 노부나가의 부하였던 토요또미 히데요시(豊臣秀吉)가 지금의 히로시마(廣島) 지역 싸움에서 고전을 하고 있었다. 노부나가는 가신 아께찌 미쯔히데(明智光秀)에게 그를 돕게 했다. 평소 대단히 포악하고 변덕이 심했던 노부나가의 돌연한 명령을 의심한 미쯔히데는 오히려 혼노오사에 묵고 있던 노부나가를 야습하여 그를 자살로 몰아넣었다. 여기서 '아닌 밤중에 홍두깨'라는 우리 속담과 같은 의미의 '혼노오지노헹(本能寺の變)'이라는 말이 생겨났다. 노부나가가 신임하던 가신의 돌연한 야습으로 영문도 모르고 죽게 된 데서 연유한 말이다.

오다 노부나가가 결단력의 상징이라면 토요또미 히데요시는 꾀보로 회자되는 인물이다. 히데요시가 천하를 거의 통일한 후 부모의 명복을 빌기 위해서 나라에 있는 토오다이사(東大寺)의 대불전을 능가하는 규모로 1589년 조영을 마친 것이 쿄오또국립박물관 옆에 자리잡고 있는 호오꼬오사(方廣寺) 대불전이다. 창건 후 지진과 화재로 소실된 것을 그의 아들 히데요리(秀賴)가 1614년 재건하여 오늘에 이르고 있다. 히데요리는 호오꼬오사 대불전을 재흥하면서 종(鐘)을 주조했다. 히데요시가 죽자 천하를 노리던 토꾸가와 이에야스(德川家康)는 그 종에 새겨진 명문 중의 "국가안강(國家安康)"이란 글귀가 자기 이름의 가(家)와 강(康)을 분리시키고 있고, 그것은 곧 몸과 목의 양단을

기도한 것이라고 항의했다. 이를 구실로 토꾸가와 이에야스는 히데요리를 공격하여 멸망시켰다. 조상의 명복을 빌기 위해서 지은 절이 결국 자손을 멸망으로 이끈 것이다.

호오꼬오사와 길 하나를 사이에 두고 있는 것이 미미쯔까(耳塚)이다. 히데요시는 말년에 과대망상증에 걸려 있었다고 전해진다. 그는 조선·중국·인도에 걸친 대제국의 꿈을 안고 조선 침략을 시작했다. 이때 히데요시는 여러 장수들에게 "대장은 목을, 그외에는 코를 베어 소금에 절여 가지고 오라"는 명령을 내렸다. 여러 장수들은 앞을 다투어서 조선인들의 목과 코를 베어 소금에 절여서 히데요시에게 보냈다. 히데요시는 이렇게 보내온 5만여개의 코들을 자기 부모의 명복을 빌기 위해서 세운 대불전 앞에 묻고서 공양을 드렸다. 이것이 미미쯔까이다. 정확히 말하면 미미쯔까가 아니라 하나쯔까(鼻塚)라 불렀어야 했을 것이다. 공양을 받은 대불은 토요또미씨 멸망의 씨앗이 되고 말았지만 미미쯔까는 그뒤에도 정치적인 역할을 한다. 에도바꾸후(江戶幕府)는 쇼오군 교대 때마다 일본을 방문하던 조선통신사에게 꼭 호오꼬오사에 들러서 미미쯔까를 보게 했다. 그러나 전승비적 존재였던 미미쯔까가 지금은 오히려 침략자 일본의 상징이 되어 일본에게 부담을 주고 있으니 역사의 아이러니라 하지 않을 수 없다.

쿄오또 천년 역사의 대미를 장식한 곳이 니죠오성(二條城)이다. 니죠오성은 원래 에도바꾸후의 초대 쇼오군 토꾸가와 이에야스가 쿄오또에 상경했을 때 숙소로 사용하기 위해서 1603년

축조한 것이다. 그러나 실제로는 바꾸후가 조정을 감시하는 전진기지의 역할을 하였다. 그런데 이 또한 역사의 역설이라고나 할까. 1867년 에도바꾸후 15대 쇼오군인 토꾸가와 요시노부(德川慶喜)가 천황에게 정권을 다시 반납한 곳 또한 니죠오성이다. 그 결과 700여년에 걸친 무가정권(武家政權)이 종식되고 천황이 역사의 전면에 나서 쿄오또가 다시 역사의 중심이 되는 듯했다. 그러나 메이지정부는 오히려 수도를 토오꾜오(東京)로 옮기고 쇼오군의 거성(居城)을 황궁으로 정했다. 쿄오또 천년의 역사는 이렇게 해서 끝이 난다.

또다른 쿄오또의 숨결

쿄오또 하면 그냥 지나칠 수 없는 곳이 한 곳 더 있다. 경승지(景勝地)에 자리잡고 있으면서 쿄오또를 한눈에 조망할 수 있는 키요미즈사(淸水寺)가 그곳이다. 울창한 숲 속에 있는 본당에서 한눈에 내려다보이는 쿄오또는 가히 일품이다. 게다가 본당 남쪽의 벚꽃은 봄이 되면 절경을 이루고 밤에 보는 벚꽃은 더욱 장관이다. 그러나 더욱 우리를 놀라게 하는 것은 현기증을 일으킬 듯이 깎아세운 낭떠러지에 기둥을 받쳐서 세워놓은 본당의 모습이다. 1941년 진주만을 공격함으로써 태평양전쟁을 일으킨 토오죠오 히데끼(東條英機)가 키요미즈사에서 절벽 아래를 내려다보는 심정으로 전쟁 개시의 결단을 내렸다는 심정을 가늠할 만도 했다.

일본 사람들은 1895년, 헤이안(平安) 천도 1,100년을 기념해서 쿄오또로 수도를 정했던 캄무천황(桓武天皇)과 쿄오또에서의 마지막 천황인 코오메이천황(孝明天皇)을 제신으로 하는 헤이안신궁(平安神宮)을 세움으로써 세상에 쿄오또가 일본의 중심임을 다시 한번 상기시키고자 했다. 그래서 원래 궁궐의 모습을 8분의 1로 축소한 헤이안신궁을 만들었다. 그리고 사흘에 걸쳐 기념식을 하는 동안 시내 전체가 각종 장식으로 뒤덮인 채밤낮 없이 불꽃놀이를 함으로써 쿄오또는 완전히 열광의 도가니로 빠져들었다. 천도 이후 울적했던 쿄오또 사람들이 터뜨리는 울분이었는지도 모른다. 기념식이 끝난 이튿날에는 지다이마쯔리(時代祭)가 행해졌다. 이것은 쿄오또 3대 마쯔리(祭) 중하나로서 매년 천도일인 10월 22일에 모든 시민이 협력하여 거행되는 헤이안신궁 마쯔리의 시작이다. 마쯔리는 유신근왕대(維新勤王隊)를 선두로 메이지유신부터 헤이안시대까지를 거슬러올라가면서 각 시대의 풍속을 쿄오또와 관계가 깊은 인물이 재현하며 고쇼(御所)에서 헤이안신궁까지 행진하는 일대 풍속도다.

쿄오또는 어디에서나 역사의 숨결을 느낄 수 있다. 게다가 고대에서부터 현대까지의 숨결을 느낄 수 있기에 더욱 의미가 있다. 쿄오또에서는 어떤 대화도 할 수 있다. 그렇기 때문에 매년 3천 5백만여 관광객들이 쿄오또를 방문하고, 그곳의 광범위한 경관을 포함한 17개의 절과 신사와 성이 세계문화유산으로 지정된 것이다.

제2장
만세일계의 통치자

해뜨는 곳의 천자가 해지는 곳의 천자에게

과거에는 어느 나라에서나 채택하던 국왕제도가 이제는 손
가락으로 셀 수 있을 정도의 국가에서만 유지되고 있다. 이런
식으로 국왕제가 없어지다보면 종국에는 지구상에 영국의 여왕
과 카드 속의 킹만이 남을 것이라는 우스갯소리가 있다. 현 영
국 왕실은 역사가 오래되지도 않았을 뿐만 아니라 지금은 국민
들이 비판의 대상이 되고 있다. 이에 반해서 현 일본 황실은 26
대 케이따이천황(繼體天皇)부터 지금까지 적어도 1천 5백년은
한 핏줄로 내려왔으며 천황에 대한 일본 국민들의 열기도 식지
않고 있다.

미국은 제2차 세계대전의 종전을 앞두고 학자들을 동원해서
전쟁이 끝난 후에도 영구히 일본을 미국의 영향력 아래에 둘 수
있는 방법을 연구하였다. 그 결과 일본 국민들의 천황에 대한

지지가 절대적이므로 천황을 온존시켜 천황을 통해서 일본을 제어하는 것이 가장 효과적임을 알게 됐다. 그래서 전범으로서의 증거가 명백한데도 불구하고 천황 히로히또(裕仁, 재위 1926~89)에게 면책판결을 내렸다. 미국은 당시에도 이미 일본의 천황이 카드 속의 킹과 함께 계속될 것이라는 사실을 내다보았던 것이다. 현재 일본의 정당 중에서는 공산당과 사민당만이 천황제를 반대하고 있다. 그러나 공산당이나 사민당이 지지부진하고 국민들의 지지를 받지 못하는 중요한 이유 중의 하나가 역설적이게도 천황제를 부정하기 때문이라는 설이 유력하다.

우리나라에서는 일본 천황가와 백제가 무관치 않다는 뿌리 깊은 생각 때문에 일본 천황에 대한 관심이 적지 않다. 천황에 대한 일본 국민들의 열기가 왜 식지 않고 있으며, 천황제가 어떻게 지속되는지에 대해서도 어느 나라 못지않게 궁금해한다.

우리나라에서는 우리가 '왕'이라고 부르는 대상을 일본이 '천황'이라고 부르는 것부터 못마땅해한다. 마치 천황이 한단계 높은 곳에 있는 느낌을 주기 때문이다. 그런 이유 때문인지 언젠가부터 매스컴에서는 '일본 천황'이라는 호칭 대신에 '일왕(日王)'이라는 호칭을 쓰고 있다.

대외적으로 보면 일본의 군주는 바꾸후(幕府)의 쇼오군(將軍)이었기에 외국 원수가 쇼오군에게 보낸 국서(國書)에는 쇼오군을 '일본 국왕' 등으로 표시했다. 그러나 형식적으로 쇼오군은 어디까지나 천황의 신하였다. 따라서 조선시대부터 이미 쇼오군을 왕으로 호칭하는 경우에 천황과 조선의 국왕의 관계가 문제점으로 지적되었다. 조선이 6대 쇼오군 토꾸가와 이에 노부(德川家宣) 때를 제외하고는 '대군(大君)'이라는 칭호를 사용한 것도 그런 이유에서였다. 천황을 조선의 왕과 동격으로 생각할 때 쇼오군이 실질적인 군주이기는 하지만 그를 왕으로 호칭할 수는 없었던 것이다. 그러면 일본에서 천황이라는 호칭은 언제부터 사용되었을까?

일본 군주의 칭호로 가장 일반적인 것이 '천황(天皇)'이다. 쇼오또꾸태자(聖德太子)가 종교적인 의미와 일본 주권자의 고유한 성격을 감안하여 '천황'이라는 호칭을 채용했다는 것이다. 중국에서는 천황이 일찍부터 공사(公私)상의 고유명사로서 사용되었다. 그리고 도교에서는 '천제(天帝)'라는 말이 사용되었다. 『일본서기(日本書紀)』 스이꼬천황(推古天皇) 16년(608) 기록에는 일본 사신 오노노이모꼬(小野妹子)가 수(隋)에 바친 국서의 내용이 나온다. 그곳에는 "동천황(東天皇)이 서황제(西皇帝)께 아룁니다"라는 구절이 보이는데 그곳의 "동천황"이 문헌에 보이는 가장 오래된 표현이다. 그리고 『수서(隋書)』에는 607년 일본이 수에 바친 국서에 "해뜨는 곳의 천자가 서쪽 해지는 곳의 천자에게 드립니다"라는 기록이 실려 있다. 수 양제(煬帝)가 이를 보고 기뻐하지 않고 홍로경(鴻臚卿)에게 일러 말하기를 "오랑캐가 무례하니 다시는 들게 하지 말라"라고 하였다고 한다. 일본이 국서에서 '천자'라는 말을 사용했고 수 양제도 일본의 '천자'라는 자칭에 불쾌감을 감추지 못했던 것이다.

한편 대왕이나 천황과는 별도로 그 신(神)으로서의 성격을 보여주는 '아라히또가미(現人神)'나 '아끼쯔까미(現神)' 같은 말이 등장한다. 이는 사람의 모습으로 나타난 신이라는 말로 '진신(壬申)의 난'(672) 이후 천황권력이 급상승하면서 등장한다. 당시 역사 편찬이 개시되면서 '천황'이 천황가의 조상인 아마떼라스 오오미까미(天照大神)의 적손(嫡孫)이라는 사실이 강조되어 '천황'을 '스메미마노미꼬또'(皇孫尊, 아마떼라스 오오미까미의 자손), '히노미꼬'(日御子, 태양신)라고 부르는 호칭이 일반화되기 시작했다. 스메미마노미꼬또는 천황이 신기(神祇, 천신天神과 지기地祇)에 대해서 칭하는 것으로 신하에 대해서는 스메라미꼬또(天皇, 가장 존경받아야 할 대상)였다. 그러면 천황이 사람의 모습으로 나타난 신이라는 근거는 어디에서 왔는가.

만세일계로 통치하는 근거

『일본서기』 신대의 천손강림(天孫降臨) 신화에는 천상의 세계의 주신(主神)이고 황실의 조상신인 아마떼라스 오오미까미(태양신. 우러름을 받는 존재로 이세신궁伊勢神宮에 모셔져 있다)가 일본열도를 통치하라고 손자 니니기노미꼬또(瓊瓊杵尊, 아마떼라스 오오미까미의 명으로 일본열도를 통치하기 위해서 큐우슈우九州의 히무까국日向國에 내려온 신)를 지상에 내려보내면서 내린 아시하라노찌이호아끼노미즈호노국(葦原千五百秋瑞國, 지상의 세계)은 "내 자손이 다스릴 땅이니 너 황손은 가서 다스려라. 가라. 황위의 번성함이 천지와 더불어 영원하리라"라는 이른바 "천양무궁(天壤無窮)의 신칙(申飭)"이 실려 있다. 이 천양무궁의 신칙이야말로 하늘나라의 주신인 아마떼라스 오오미까미의 자손인 일본 황실이 영원히 일본열도를 지배해야 하는 역사적 정통성의 증거문이 되어왔다. 현 일본 천황가가 만세일계(萬世一系)로 일본열도를 통치하는 힘의 원천이 바로 여기에 있는 것이다.

그러나 신칙이 실려 있는 『일본서기』 성립 당시의 천황은 44대 겐쇼오여제(元正女帝, 재위 715~23)로 그 어머니인 43대 겜메이여제(元明女帝, 재위 707~14)도 태상천황(太上天皇, 은퇴한 천황)으로 건재한 상태였다. 그런데 당시 겜메이, 겐쇼오 두 여제가 등장한 것은 겜메이여제의 그 아들인 42대 몸무천황(文武天皇, 재위 697~706)이 일찍이 세상을 뜨고 손자 오비또(首, 45대 쇼오무천황聖武天皇, 재위 724~48)가 어렸기 때문에 그 성장을 기다려 황위를 적손에게 독점시키기 위해서 겜메이여제가 딸인 겐쇼오여제를 등장시켰기 때문이다.

그러나 당시는 황위의 형제상속, 방계(傍系)상속의 관습이 강했던 때라 황실의 적손인 겜메이, 겐쇼오, 오비또에 대한 황족과 귀족의 저항도 적지 않았다. 신칙은 여기에 대항하기 위해서 조작된 것이다. 따라서 당시 황실의 적류와 후지와라노후히또(藤原不比等, 다이까개신大化改新을 주도한 나까또미노까마따리中臣鎌足의 아들이자 오비또황자의 외조부로 당시 최대의 실력자)의 주장은 강한 반대로 국가적으로 용인되지 못하고 『일본서기』의 본문이 아니라 '일서(一書)'라는 하나의 전승과 주장의 형태로 실리게 되었다. 그럼에도 불구하고 천양무궁의 신칙은 오늘날에도 일본 천황이 현인신(現人神)으로서 만세를 일계로 통치하는 역사적 근거가 되고 있다.

천손의 징표, 삼종신기

우리나라에서는 왕위를 계승할 때 옥새(玉璽)를 징표로 삼는 반면 일본에서는 니니기노미꼬또(瓊瓊杵尊)가 천상의 세계(高天原)에서 일본열도를 통치하기 위해 내려올 때 아마떼라스 오오미까미(天照大神)에게서 신표로 받아온 이른바 '삼종신기(三種神器)'라는 것이 천황의 등극과 함께 대대로 전승되어오고 있다. 삼종신기는 천손 니니기노미꼬또가 강림할 때 하늘나라에서 여러 신들이 아마떼라스 오오미까미에게 바친 '옥(玉)'과 '경(鏡)' 그리고 동생인 스사노오노미꼬또(素盞嗚尊)가 여덟 갈래의 뱀을 죽이고 얻어서 바친 '검(劍)'을 아마떼라스 오오미까미가 주었다는 데서 유래한다.

삼종신기는 초대 천황인 짐무천황(神武天皇)이 야마또(大和)의 카시와라궁(大和原宮, 전설로만 전해지고 현재의 것은 메이지유신明治維新 이후에 지은 것이다)에서 즉위하면서 정전(正殿)에 봉안해 천황위의 존귀한 표시로 삼았다고 한다. 삼종신기는 황위의 표시이자 아마떼라스 오오미까미의 자손이라는 증거가 되는 셈이다.

그런데 10대 스진천황(崇神天皇)이 삼종신기를 경외해서 딸 토요스끼이리히메노미꼬또(豊鍬入姬命)로 하여금 경과 검은 카사누이노무라(笠縫邑, 오늘날의 나라현 시끼군磯城郡)에 옮겨서

이세신궁의 정전(正殿). 이세신궁에서는 일본 황실의 조상신인 아마떼라스 오오미까미의 제사를 지낸다.

아마떼라스 오오미까미를 제사지내면서 모시게 했다. 그리고 옥과 별도로 모조한 경과 검은 천황의 호신(護身)의 표시로서 궁중에 봉안하였다. 뒤이어 11대 스이닌천황(垂仁天皇) 때에 딸 야마또히메노미꼬또(倭姬命)가 아마떼라스 오오미까미의 제사를 카사누이노무라에서 이세(伊勢)의 이스즈(五十鈴) 근처에 신궁(이세신궁)을 창시하고 옮기면서 경과 검도 함께 받들어서 신궁에 안치했다는 것이다.

그리고 12대 케이꼬오천황(景行天皇) 때 일본 고대의 전설상의 영웅인 황자 야마또따께루노미꼬또(日本武尊)가 동정(東征)을 하기 위해 이세신궁에 참배했다고 한다. 그때 야마또히메노미꼬또에게서 검을 받아 동정에 성공하고 돌아오는 길에 오하리(尾張, 지금의 나고야名古屋)에 맡겼는데 그곳에 지금의 아쯔다신궁(熱田神宮)이 창건되었다는 것이다. 따라서 궁중에는 신대(神代) 이래의 옥과 스진천황 때에 모조된 '경'과 '검'이 전승되어왔다는 것이다. 그리고 경은 미에현(三重縣)의 이세신궁, 검은 나고야의 아쯔다신궁에 전해져왔다고 한다.

그뒤 궁중에서 전해져오던 경은 세 번의 화재로 불탄 뒤 잔해만이 남아 있다. 그리고 검과 옥은 1185년 미나모또(源)씨에게 쫓기던 안또꾸천황(安德天皇)이 나가또(長門)의 단노우라(壇浦)에 투신할 때 함께 바다에 들어갔다. 옥은 바다에서 건져져 돌아왔지만 검은 이세신궁의 제주(祭主)가 바친 보검으로 대신하고 있다. 이 삼종신기는 황위의 표시이자 만세 동안 일본을 통치할 아마떼라스 오오미까미의 자손이라는 증거로 지금까지 대대로 전승되고 있는 것이다.

신의 자손답게 만세를 일계로

현 일본 천황가는 천상의 주신인 아마떼라스 오오미까미(天照大神)의 자손으로 그의 명(命)에 따라 영원히 일본열도를 통치하기 위해서 내려온만큼 만세 동안 이어져야 한다고 한다. 고대에서부터 1945년 패전에 이르기까지는 일본 천황은 아마떼라스 오오미까미로부터 한 계통으로 계승되어온 이른바 만세일계의 신성한 군주로 불변의 주권자라고 믿어져왔다. 특히 제2차 세계대전 전이나 전쟁중에는 신으로 추앙되는 천황에 의해서 통치되는 국체(國體)를 유례없는 것으로 자찬하고 또 자랑으로 삼았다. 따라서 만세일계의 황통(皇統)사상을 비판할 자유도 허용되지 않았다.

그러나 패전 후 역사 연구의 자유가 보장되고 각종 제약이 해제되면서 만세일계의 황통사상에 대해서도 비판이 시작되고 마침내 '고대왕조교체설(古代王朝交替說)'이 등장했다. 고대왕조교체설이 등장하게 된 계기는 토오꾜오대학(東京大學) 에가미 나미오(江上波夫) 교수가 1948년 내놓은 '기마민족 정복 왕조설(騎馬民族征服王朝說)'이다. 일본에 수립된 최초의 국가는 농경민인 야마또민족(大和民族, 일본민족)이 아니고 중국 동북부에 원주하던 기마민족이라는 것이다. 그들이 한반도를 남하해서 북큐우슈우(北九州)에 상륙하여 1세기 정도가 지난 뒤인 4세기 말경 키나이(畿內)로 동천(東遷)하여 야마또조정을 세웠다는 것이다. 만세일계의 황통에 대해서 막연한 의문들은 있었지만 에가미교수의 설은 당시로서는 경천동지할 파격적인 학설이었다.

한반도에서 들어간 기마민족이 야마또조정을 세웠다는 기마민족 정복 왕조설은 일본이 한반도 남부를 200여년간 지배했다는 임나일본부설(任那日本府說)의 콤플렉스에 시달리던 한국인들에게도 가뭄에 단비와 같은 소식이었다. 벌써 수십년 전의 일이지만 모 대학에서는 기마민족 정복 왕조설을 직접 듣기 위해서 에가미교수를 초청하기도 했다. 그러나 그가 말하는 기마민족 정복 왕조설은 한민족이 일본열도를 정복했다는 이야기가 아니고 중국 동북부에 원주하던 기마민족이 한반도를 통과하여 일본열도에 들어가서 야마또조정을 세웠고, 그 일부가 한반도 남부에 남아 있다가 가야가 망한 뒤에 일본열도로 들어갔다는 것이다. 그리고 한반도 남부에 남아 있다가 마지막으로 들어간 세력이 바로 임나라는 것이다. 에가미 나미오 교수의 기마민족 정복 왕조설은 한민족이 일본열도를 정복했다는 이야기가 아니라, 일본이 한반도 남부를 지배했다는 임나일본부설을 합리화시키는 이론이었던 것이다. 우리 학계가 발칵 뒤집혔음은 물론이다.

기마민족 정복 왕조설에 자극받은 와세다대학(早稻田大學)의 미즈노 유우(水野祐) 교수는 1950년 '삼왕조교체설(三王朝交替說)'이라고 불리는 학설을 발표했다. 미즈노교수에 의하면 적어도 645년 다이까개신(大化改新) 전에 이미 혈통을 달리하는 왕조가 세 번 바뀌었다는 것이다.

200년경 나라(奈良)분지에서 발생한 선왕조(先王朝)가 발전하여 스진왕조(崇神王朝)가 되었다. 선왕조에 대해서는 상세히 알 수 없으므로 스진왕조가 사실상 최초의 왕조이고 현 황실 계보상 10대로 되어 있는 스진천황(崇神天皇)이 그 개조(開祖)로 실재의 최고(最古) 천황이다. 황실 계보에 보이는 그 이전의 천황들은 역사를 늘리기 위해서 후대에 만들어 넣은 가짜 천황들이라는 것이다.

스진왕조의 마지막인 쮸우아이천황(仲哀天皇)은 큐우슈우의 쿠나국(狗奴國)을 정벌하다가 전사했다. 그리고 쿠나국이 키나이(畿內)로 이동하여 세운 왕조가 닌또꾸천황(仁德天皇)을 시조로 하는 닌또꾸왕조라는 것이다. 그뒤 26대로 되어 있는 케이따이천황(繼體天皇)이 에찌젠(越前)에서 올라와 케이따이왕조를 수립했다. 그리고 그 황통이 현 천황에 이르렀다는 것이다.

미즈노교수의 삼왕조교체설에 대해 이론이 없지는 않지만 왕조가 세 번 교체됐다는 줄거리는 학계에서 거의 정설로 인정되고 있다. 현 천황가가 아마떼라스 오오미까미의 자손으로 영원히 일본열도를 통치할 것이라고 믿는 사람은 아무도 없다. 그러나 역사 속에서 면면이 이어져온 만세일계의 신성한 황통사상을 부정하고 싶지도 않은 것이 일본 사람들의 심정이다. 일본 천황가가 아직도 국민들 속에 살아있는 이유가 여기에 있다.

천손이 통치하는 신국

천황이 등극할 때는 의식을 두 번 거행한다. 한 번은 천황으로 등극하는 의식이고, 다른 한 번은 신이 되는 의식이다. 일찍이 천황은 신으로 인식되어왔기 때문이다. 제2차 세계대전에서 패배한 뒤 천황 히로히또(裕仁)가 가장 먼저 한 일은 이른바 '인간선언'이라는 것이다. 자기는 신이 아니고 인간이라는 것이다. 신이 통치하는 나라가 패배할 리 없었기 때문이다.

그런데 현 천황 아끼히또(明仁)는 1989년 천황으로 등극하면서 다시 신이 되는 의식을 거행했다. 아버지가 선언했던 인간에서 다시 신으로 복귀한다고 선언한 것이다. 아마떼라스 오오미까미의 후예만이 '천양무궁(天壤無窮)의 신칙'에 의해서 황위가 보증되고 신의 자손임을 입증하는 '삼종신기(三種神器)'의 주인이 될 수 있기 때문이다. 그 결과 일본도 다시 신이 통치하는 나라, 즉 신국(神國)이 되어버렸다.

신국은 신의 자손이 통치하는 나라, 신의 옹호를 받는 나라이다. 이 말은 『일본서기』 징구우황후기(神功皇后紀, 4세기)에 "내가 듣기에 동에 신국(神國)이 있으니 일본이라고 한다"라는 신라의 왕이 했다는 말에서 최초로 보인다. 최초로 일본을 '신국'이라고 불러준 나라가 신라라는 것이다. 그리고 869년 이세 신궁의 봉폐(封廢) 고문(告文)에 "우리나라는 신국으로 경외되어 왔기 때문에"라는 말이 보인다. 그후에 나타나는 신국이라는 표현은 대체로 신명의 옹호를 받는 나라라는 의미였다.

신국은 진호국가(鎭護國家)를 표방하는 불교와도 결합되어 귀족들에게 보급되었고 여러 파의 신도설(神道說)에도 도입되었다. 다른 한편으로는 진수(鎭守)의 신으로서 농촌의 신기(神祇) 숭배와도 결합되어 무사들 사이로도 퍼져나갔다. 그리고 몽골의 침입시에는 '신풍사상(神風思想)'으로까지 발전하였다.

한편 『고사기(古事記)』나 『일본서기』의 전승에 바탕을 둔 신손통치와 황통일계사상을 명쾌하게 정리하여 후세에 커다란 영향을 미친 것은 『신황정통기(神皇正統記)』(1339년 완성)의 "대일본은 신국이다. 천조가 처음에 기업을 열고 일신(태양신)이 오랫동안 황통을 전했다. 우리나라에만 있는 일이다. 다른 나라에는 그런 일이 없다. 이런 까닭으로 신국이라고 한다"라는 부분이다. 즉 최초의 신인 천조 쿠니노또꼬다찌노미꼬또(國常立尊)가 국가의 기반을 열고 태양신 아마떼라스 오오미까미(天照大神)가 오랫동안 황통을 전한 데에 신국인 이유가 있으며 이 점이 외국과 다르다는 것이다. 『신황정통기』는 신국사상을 국토의 신성시에 머무르지 않고 황통의 종교적 신성관으로까지 끌어올려놓았다.

신국사상과 관계가 깊은 것이 천황의 신격화이다. 『일본서기』 등에서는 천황을 '현인신(現人神)'으로 떠받들고 있다. 『만요오슈우(萬葉集)』의 "대군을 신이라고 한다면"이라든지 『쯔레즈레구사(徒然草)』의 "천황은 인간의 종(種)이 아니고"라는 내용 등도 발견된다. 근세에는 신도가 유교와 결합함으로써 신국사상에 유교의 중화(中華)사상까지 반영되고 있다. 그리고 외래사상을 배척하는 국학(國學)에서 생겨난 복고적 신도에는 국수주의적 색채가 가미되기도 했다.

신국론은 기독교 등을 탄압한 양이론(洋夷論)의 바탕이 되기도 했다. 그런데 메이지유신 후에는 양이론을 방기함에 따라 국토를 신성시하는 신국론도 후퇴했다. 그러나 황통일계·신손통치의 이념은 도리어 강조되었고 또한 국가신도(황실을 숭배하는 국가주의적 신도)의 형성에 따라서 천황의 신격화는 더욱 촉진되었다. 그리고 서구의 왕권신수설(王權神授說)적인 사상의 영향

도 있어서 메이지헌법(明治憲法, 대일본제국헌법)에는 '천황규
정'이라는 것이 생겨났다.

한편 좌익사상이 전파되는 과정에서 국수주의 · 국가주의가
고양되어 국토는 신주(神主), 국민은 신의 후예, 국권은 신수
(神授)라는 극단적인 국수주의적 신국론이 횡행하였고, 제2차
세계대전에서 패색이 짙어지자 카미까제(神風)를 대망하기에
이른다. 그러나 일본은 패하고 천황 히로히또는 인간선언을 하
지 않을 수 없었다. 그런데 현 천황 아끼히또가 신으로 복귀할
것을 선언함에 따라 일본도 다시 천손이 통치하는 신국으로 복
귀하게 된 것이다.

천황에게 양위란 없다

메이지(明治)의 『황실전범(皇室典範)』제정 이래 황위계승
의 원인은 천황의 붕어(崩御)로 한정되어 퇴위(退位)나 양위(讓
位)는 인정되지 않았다. 그러나 나라시대(奈良時代, 710~84)부
터는 양위에 의한 황위계승이 일반적이었다. 양위한 천황의 정
식 호칭은 '태상천황(太上天皇)'으로 '상황(上皇)'이라고 약칭되
는 경우가 많다. 그렇다면 천황은 한 형태로만 내려왔는지 궁금
해진다. 1천년 이상을 같은 형태로 내려왔다고는 생각할 수 없
기 때문이다.

천황이 황위에서 물러나서 '상황'이라는 형태로 국정에 깊이
관계한 정치형태를 '원정(院政)'이라고 한다. 상황의 국정 관여
는 이미 나라시대부터 일어났던 현상이지만 '원정'이라고 불리

는 정치형태의 출발점은 1086년에 양위한 시라까와상황(白河上皇) 때부터이다. 그 전해에 동생이자 후계 황태자였던 사네히또친왕(實人親王)이 죽자, 천황의 또다른 동생인 스께히또친왕(輔仁親王)을 물리치고 아들인 타루히또친왕(善人親王, 뒤의 호리까와천황堀河天皇, 재위 1086~1106)을 황위에 앉히고 본인은 상황이 되었다. 이는 황통을 확실히 자기의 자손에게 전해주기 위한 것이었다.

시라까와상황은 양위 후에도 어린 천황을 비호하고 후견할 필요성에서 손자인 토바천황(鳥羽天皇, 재위 1107~22)과 증손인 스또꾸천황(崇德天皇, 재위 1123~41)의 재위중에도 계속 상황의 거처인 '원(院)'에서 정치에 관여하였으므로 상황의 집정이 정착되었고 이를 후세에 '원정(院政)'이라고 일컫게 되었다. 원정기에 실권은 천황이 아니라 상황이 가지고 있었다. 원정은 명목적으로는 에도시대(江戶時代, 1603~1867) 말기 코오까꾸천황(光格天皇) 때까지 계속되는데 원의 정치권력이 국정 전반을 지배한 시기는 시라까와상황과 토바천황이 원정을 행하던 70년간이다.

한편 10세기 초 우다상황(宇多上皇)이 출가해서 태상천황의 존호를 사퇴하고 '태상법황(太上法皇)'이라고 칭하면서부터 출가한 상황을 태상법황, 즉 법황(法皇)이라고 약칭해서 상황(上皇)과 구별했다. 그러니까 법황·상황·천황이 존재하였던 것이다. 이런 점이 한국과는 많이 다르다.

일본 역사에는 적지 않은 여제(女帝)가 등장한다. 3세기의 히미꼬(卑彌呼)와 그 후계자인 이요(壹與), 5세기 말의 이이도요아오노히메미꼬(飯豊青皇女, 리쮸우천황履中天皇의 황녀) 등 오랜 무녀왕의 역사가 있었다. 그러나 일반적으로 여제라고 할 때는 스이꼬천황(推古天皇) 이후를 가리킨다. 즉 스이꼬천황, 코오교꾸천황(皇極天皇), 사이메이천황(齊明天皇), 지또오천황(持統天皇), 겜메이천황(元明天皇), 겐쇼오천황(元正天皇), 코오겐천황(孝謙天皇), 쇼오또꾸천황(稱德天皇), 메이쇼오천황(明正天皇), 고사꾸라마찌천황(後櫻町天皇)의 10대 8여제가 있다. 사이메이천황과 쇼오또꾸천황은 각각 코오교꾸천황과 코오겐천황이 재등극한 것이다.

이중에서 에도시대(江戸時代)의 메이쇼오천황과 고사꾸라마찌천황을 제외하고 8대 6여제는 전부 7~8세기에 출현했고 정치적으로도 중요한 시기였다. 그 특징은 선제(先帝)의 황후 내지는 이에 준하는 황태자비로 다음 대의 남제가 성인이 될 때까지 중계하여 시간을 벌려는 데 공통점이 있다.

그런데 겜메이천황은 미혼의 겐쇼오천황에게 양위를 함으로써 그후부터 여제는 미혼이라는 전통을 남겼다. 여제사상(女帝史上) 하나의 획기적인 전환이었다.

천황의 역사도 간단하지만은 않다. 황위를 이어가기 위해서 여제가 등장하고, 상황이 등장하고, 법황이 등장하기도 했다. 그러나 26대 케이따이천황(繼體天皇) 이래 125대 현 천황 아끼히또(明仁)까지 일계로 내려온 것은 틀림없다고 한다. 그 중요한 근거가 천양무궁의 신칙이고, 삼종신기이다. 또 현인신이기 때문에 퇴위나 양위란 있을 수 없고 붕어에 의해서만 황위가 계승되는 것이다. 그러나 알고 보면 붕어에 의해서만 황위가 계승되어야 한다는 원리도 겨우 100여년 전 메이지의 『황실전범』의 제정에서 비롯됐던 것이다.

천황은 처실을 몇명이나 둘 수 있는가

옛날에는 천황의 처실(妻室)을 '키사끼'(后, 천황의 정처正妻. 황후·중궁)라고 불렀다. 스이꼬조(推古朝, 593~628) 즈음부터 그 최상위자를 '오오끼사끼(大后)'라고 불러서 다른 처실과 구별했고 '대후(大后)'라는 한자를 사용했다. 텐지천황(天智天皇)과 템무천황(天武天皇) 대에 걸쳐서 후궁제도가 정비되면서 '대후'를 황후(皇后)라고 칭하기 시작함으로써 앞 황후인 '황태후(皇太后)'나 다른 처실인 '비(妃)' '부인(夫人)' '빈(嬪)'들과 구별되어 율령에 정착되었다. 그러면 천황은 처실을 몇명이나 둘 수 있었을까.

율령에 따르면 천황은 적처인 황후와 비 두 명, 부인 세 명, 빈 네 명을 정원으로 하는 후궁을 두고, 비는 품위를 가질 수 있는 천황의 자매나 딸인 '내친왕(內親王)'에서 찾는 것을 원칙으로 했다. 그리고 황후는 '비' 중에서 구하는 것을 원칙으로 했다. 따라서 황후는 원칙적으로 천황의 자매나 딸밖에는 될 수가 없게 된 것이다. 신이 인간과 결혼할 수는 없기 때문이다. 이것이 바로 우리가 알고 있는 일본 황실이 근친혼을 한 이유이다. 쇼오무천황(聖武天皇)이 당대 최고의 권신인 후지와라노후히또(藤原不比等)의 딸 코오묘오시(光明子)를 황후로 맞아들이면서 인신(人臣)의 딸을 황후로 한 사정을 해명한 사실은 좋은 예다. 그러나 현 천황 아끼히또가 민간인과 결혼함으로써 신은 인간과 결혼할 수 없다는 금기도 완전히 깨졌다.

처실을 10명까지 두던 후궁제도는 우여곡절을 겪다가 메이지유신(明治維新, 1868) 후 개혁되어 황후를 제외한 후비제도는 폐지되기에 이르렀다. 그래서 현재는 한 사람의 처실만을 둘 수 있다.

황친은 어디까지인가

천황은 신성불가침한 군주이므로 법률상으로나 정치적으로 아무런 책임을 지지 않는다. 그러므로 황친(皇親)에 대해서도 불경한 행위를 하는 자는 용납될 수 없다. 그렇다면 어디까지가 신의 자손인 황친으로 인정될까.

율령제가 완성된 8세기 이후에는 관청이나 궁중에서의 기록제도도 정비되었다. 율령제의 황친은 친왕(親王)·내친왕(內親王)·왕(王)·여왕(女王)으로 구성되었다. 일본에는 천황 이외에 '왕'으로 호칭되는 황친이라는 존재가 있었던 것이다. 계사령(繼嗣令, 황위 계승에 관한 법)에 의하면 천황의 형제나 아들은 '친왕'이라고 했고, 자매나 딸은 '내친왕'이라고 했다. 그리고 황손(皇孫)·황증손(皇曾孫)·황현손(皇玄孫)의 경우 남자는 '왕', 여자는 '여왕'이라고 불렀다. 또 4세손왕까지를 황친이라 하고, 5세손왕의 경우에는 왕이라는 칭호는 허락했으나 황친이라고는 하지 않았다. 그러나 얼마 후에는 황친 중에 넣었다. 한편 태황태후(太皇太后) 이하 3후(천황의 할머니·어머니·정처)나 친왕비·왕자비 등 시집온 여인들은 황친에 포함시키지 않았다. 시집온 여인들은 신이 될 수 없었기 때문이었는지도 모른다.

1947년에 제정된 『신황실전범(新皇室典範)』에 의하면 황족은 황후·태황태후(할머니)·황태후(어머니)·친왕·친왕비·내친왕·왕·왕비 및 여왕으로 되어 있다. 시집온 여인들에게도 문호를 개방한 것이다. 그리고 친왕·내친왕은 "적출의 황자 및 적남계(適男系) 적출의 황손에 한하고, 3세손 이하의 적남계 적출의 자손을 왕, 왕녀"라고 규정하고 있다

제2차 세계대전 후 황족제도는 크게 변해서 다수의 황족이 신하의 적인 신적(臣籍)으로 내려갔다. 그리고 현재 황족은 천황의 황자와 천황의 가족에 한정되어 있다. 신의 가족도 단출해진 것이다.

천황과 국왕

사무라이(武士)들이 1185년 카마꾸라(鎌倉)에 바꾸후(幕府)를 세우면서부터 1868년 메이지유신이 단행되어 천황이 다시 실권을 되찾을 때까지 천황과 귀족을 중심으로 한 쿄오또(京都)의 조정은 허수아비에 불과했고 실질적인 통치권은 바꾸후의 책임자인 쇼오군(將軍)이 행사했다.

토꾸가와바꾸후(德川幕府, 1602~1868)의 개창자인 토꾸가와 이에야스(德川家康)도 1600년 세끼가하라(關原)싸움에서 승리

하여 실력으로써 정권을 획득한 것이지 조정이 통치권을 위임한 것이 아니었다. 이미 조정과 천황은 토꾸가와 이에야스에게 위임할 통치권을 잃어버린 상태였기 때문이다. 그러므로 근세 초기에 천황에게 남겨진 권한은 관위(官位)의 수여와 연호(年號)의 제정, 역(曆)의 개정 등 세 가지에 불과했다.

반면 토꾸가와바꾸후의 책임자인 쇼오군은 최고 권력자로 외교, 화폐의 주조, 교통이라는 모든 공적인 권능을 장악하고 있었다. 일본에는 천황이나 황친인 '왕' 이외에도 실질적으로 일본을 통치하는 군주인 '왕' 즉 쇼오군이라는 존재가 있었던 것이다. 대외적으로 보면 일본의 군주는 쇼오군이었다. 그래서 외국 원수가 쇼오군에게 보낸 국서에는 "일본국왕전하" 등으로 표시되었다. 그러나 쇼오군은 형식적으로 보면 천황의 신하였기 때문에 일본이 외국에 보내는 서한에는 '왕'이라는 문자를 사용하지 않고 '일본국 미나모또 이에야스(日本國源家康, 미나모또源는 이에야스의 원래 성姓이다)' 등으로 표현했다.

한편 조선에 국서를 보낼 때에는 쯔시마(對馬島)에서 '왕(王)'자를 첨가하든지 '주(主)'자의 점을 떼어내 '왕(王)'자로 고쳐서 보내곤 했다. 위서(僞書)의 사실이 발각된 뒤 조선에서는 '일본국 대군(日本國大君)'으로 표기했다. 그러나 '일본국 대군'이라는 호칭에 대해서 에도시대의 유명한 유학자인 아라이 하꾸세끼(新井白石)는 외국이 일본의 천자를 '일본 천황', 쇼오군을 '일본 국왕'으로 표기한 예가 카마꾸라바꾸후(1185~1333) 때부터 있었고, '대군'이라는 호(號)는 조선에서는 신하에게 주는 직호(職號)인 점 등을 들어서 복호(復號)를 실현하였다. 그리고 천황과 쇼오군의 병존을 천상의 왕과 지상의 왕으로서 명확히 정리했다.

그러나 조선은 6대 쇼오군 토꾸가와 이에노부(德川家宣) 때를 제외하고는 다시 '대군'이라는 칭호를 사용했다. 조선에서는 천황을 조선의 왕과 동격으로 생각할 때 쇼오군이 실질적인 군주이기는 하지만 쇼오군을 왕으로 호칭하고 싶지는 않았던 것이다. 지금 한국의 매스컴에서 일본 천황을 '일왕'이라고 호칭하는 것과 같은 심리였다. '대군'이라는 칭호는 바꾸후 말기 구미 제국과 교섭할 때에 쇼오군을 가리키는 말로 정착되었다.

한편 외국인은 쇼오군과 천황의 관계를 어떻게 보았는가. 17세기 도일해서 5대 쇼오군 토꾸가와 쯔나요시(德川綱吉)를 알현한 독일인 의사 켄베르는 쇼오군을 세속적인 황제, 천황을 종교적·세습적 황제로 파악했다. 이런 견해는 바꾸후 말기에 도일한 많은 외국인의 쇼오군관이나 천황관과 같다. 그러나 실질적인 군주였던 '대군'의 권위는 바꾸후 말기 외국과 수호통상조약을 체결하기 위해서 조정에 칙허(勅許)를 주청(奏請)했으나 이를 얻지 못함으로써 실추되고 대신 '조정'의 존재가 대외관계에서 부각되었다. 그리고 메이지유신을 통해서 천황은 쇼오군이 생기기 이전의 권위를 되찾았던 것이다.

천황은 어떤 권한을 가지고 있었는가

724년 2월 6일 쇼오무천황(聖武天皇)은 생모 후지와라부인

(藤原夫人), 즉 후지와라노후히또(藤原不比等)의 장녀 미야꼬 (宮子)를 '대부인'(大夫人, 대신의 딸로서 후궁이 된 사람)이라고 칭하도록 했다. 그러나 3월 22일에는 공식령(公式令)을 근거로 한 좌대신 나가야왕(長屋王) 등의 상언(上言)에 의해서 '대부 인'의 칭을 철회하고 '황태부인(皇太夫人)'으로 칭하라는 조 (詔)를 내렸다. 이는 칙(勅)에 의해서 대부인으로 칭하면 공식 령에 반하고, 공식령에 의해서 황태부인으로 칭하면 칙에 반한 다는 문제를 야기했다.

그러나 당시의 논쟁은 천황은 율령의 원천이고, 율령은 천황 의 권위에 의해서 제정되기 때문에 율령의 규정은 천황의 의지 나 행동을 속박할 수 없다는 사실을 간과하고 있었다. 계사령 (繼嗣令)에도 귀족의 계승에 대한 규정은 있지만 황위의 계승 법에 대한 규정은 없다. 즉 천황에 대한 규정은 거의 없다. 따라 서 율령제 아래에서의 천황은 제도적으로는 아무런 속박도 받 지 않는 전제적 절대군주였다. 그러나 실제로는 반드시 그렇지 도 않았다.

1889년 2월 11일 메이지헌법(明治憲法, 대일본제국헌법)의 발 포에 의해서 일본은 당시 아시아 유일의 입헌군주국이 되었다. 메이지헌법 3조에는 "천황은 신성하므로 침범할 수 없다"고 되 어 있다. 그러나 이는 당시 유럽의 입헌군주국의 헌법에도 규정 되어 있던 내용이다. 그런데 유럽의 헌법을 조사한 이또오 히로 부미(伊藤博文)가 천황의 권위를 위해서 그런 조항을 헌법에 삽입해서는 안된다는 반대측 주장을 제압하고 "천황은 신성하므로 침범할 수 없다"는 조문을 헌법에 집어넣음으로써 일본 천황을 유럽의 군주와 같은 존재로 만들어버렸다.

신성불가침이라는 것은 군주가 법률상으로나 정치적으로 아무런 책임을 지지 않는다는 사실을 뜻한다. 따라서 "천황·태황태후·황태후·황후·황태자, 그리고 황태손에 대해서 불경의 행위를 하는 자는 3개월 이상 5년 이하의 징역에 처한다"는 '불경죄(不敬罪)'가 규정되기에 이르렀다. 한국에서도 식민지시대 때 불경죄로 고통받은 사람이 한둘이 아니었다. 불경의 개념은 때에 따라서는 확대해석되기도 했다. 1898년 문부대신(文部大臣) 오까자끼 유끼오(尾崎行雄)가 금전만능의 풍조를 경계하는 의미에서 "만일 일본이 장래 공화제가 된다 하더라도 이런 배금열(拜金熱)로는 도저히 견뎌낼 수가 없다"라는 발언을 했다가 사임된 것이 좋은 예다. 그러나 제2차 세계대전에서 패망한 뒤 1946년에 제정된 현재의 일본국헌법(신헌법)에는 천황불가침의 규정이 사라졌다. 따라서 불경죄도 삭제되었다.

그리고 메이지헌법 천황에 관한 장 제1조는 "대일본제국은 만세일계의 천황이 이를 통치한다"이고, 제4조는 "천황은 국가의 원수로 통치권을 총람해서 이 헌법의 조규(條規)에 의해서 이를 행한다"이다. 이 조항에는 천황대권주의(天皇大權主義)의 원리가 반영되었다. 그러나 실질적으로 메이지헌법에서는 입헌주의적 운용이 중시되었다. 천황이 자신의 의지대로 대권을 적극적으로 행사한 일은 거의 없었기 때문이다.

천황의 대권은 어디까지나 국가기관의 책임자나 원로들의

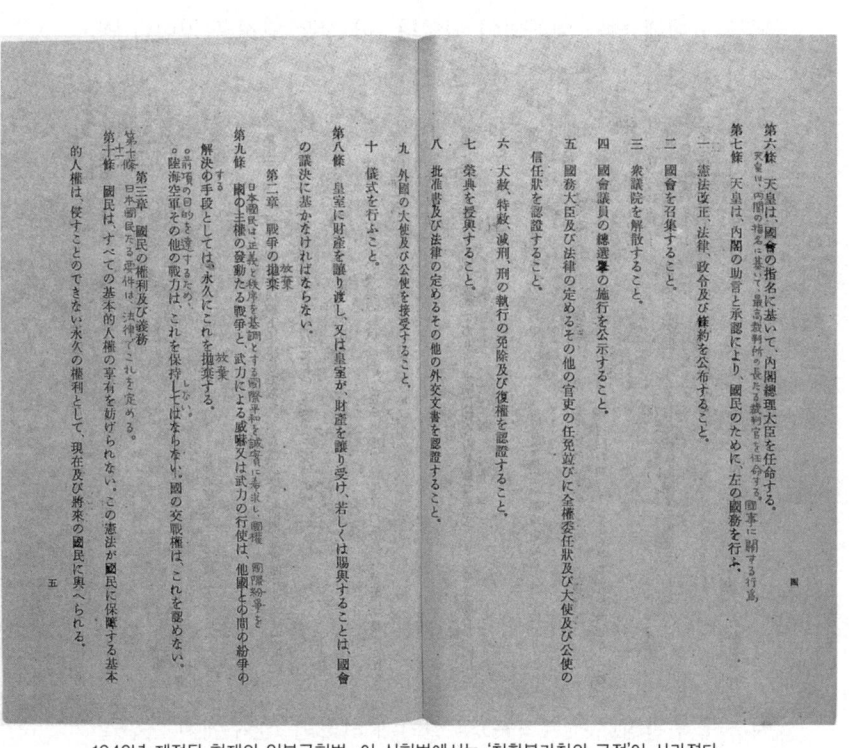

第六條　天皇は、國會の指名に基いて、内閣總理大臣を任命する。

第七條　天皇は、内閣の助言と承認により、國民のために、左の國務を行ふ。

一　憲法改正、法律、政令及び條約を公布すること。

二　國會を召集すること。

三　衆議院を解散すること。

四　國會議員の總選擧の施行を公示すること。

五　國務大臣及び法律の定めるその他の官吏の任免竝びに全權委任狀及び大使及び公使の信任狀を認證すること。

六　大赦、特赦、減刑、刑の執行の免除及び復權を認證すること。

七　榮典を授與すること。

八　批准書及び法律の定めるその他の外交文書を認證すること。

九　外國の大使及び公使を接受すること。

十　儀式を行ふこと。

第八條　皇室に財産を讓り渡し、又は皇室が、財産を讓り受け、若しくは賜與することは、國會の議決に基かなければならない。

第二章　戰爭の抛棄

第九條　日本國民は、正義と秩序を基調とする國際平和を誠實に希求し、國權の發動たる戰爭と、武力による威嚇又は武力の行使は、他國との間の紛爭を解決する手段としては、永久にこれを抛棄する。

前項の目的を遂するため、陸海空軍その他の戰力は、これを保持しない。國の交戰權は、これを認めない。

第三章　國民の權利及び義務

第十條　國民たる要件は、法律でこれを定める。

第十一條　國民は、すべての基本的人權の享有を妨げられない。この憲法が國民に保障する基本的人權は、侵すことのできない永久の權利として、現在及び將來の國民に與へられる。

四

五

1946년 제정된 현재의 일본국헌법. 이 신헌법에서는 '천황불가침의 규정'이 사라졌다.

보필과 협찬으로 행해지는 것이 헌법 운용상의 중요한 관행이었다. 헌법상 천황의 권능은 원로들에 의해서 집단적으로 대행되었고 그것이 입헌군주제라는 생각은 천황 자신이나 정부 수뇌부 사이에 널리 인식되어 있었다. 이 점은 당시 독일이나 영국의 황제친정과도 다른 면이었다.

천황대권설에 대한 비판이 없었던 것은 아니다. 미노베 타쯔끼찌(美濃部達吉)는 통치권의 주체는 법인(法人)으로서의 국가이고, 천황은 국가의 최고기관으로서 통치권을 행사한다는 천황기관설(天皇機關說)을 주창했다. 그는 천황기관설을 무기로 천황의 대권을 방패로 한 군부·관료 등 반의회주의·반입헌주의적인 움직임을 비판하면서 의회정치 옹호의 논전을 펼쳤다. 1935년 군부 등 혁신세력은 천황기관설을 옹호한 내각의 총사퇴를 관철시켰다. 그들은 아마떼라스 오오미까미(天照大神)의 자손으로서 일본을 만세일계로 통치해야 할 천황의 권위를 당시의 내각이 부정했다고 주장했다.

그런데 천황은 기관설에 문제될 만한 것이 없으며 군부의 기관설 배격은 지나치다는 불만을 강하게 품고 있었다. 즉 당시 시종무관장(侍從武官長)의 일기에 의하면 "군부에서 기관설을 배격하면서도 이처럼 자신의 의사를 거역하는 일을 마음대로 행하는 것은, 즉 짐(朕)을 기관설 취급하는 것"이라고 했다. 따라서 사태는 천황 개인의 의지와는 무관하게 움직였다고 할 수 있다.

천황의 계승에 대해서는 메이지헌법 2조에 "황위(皇位)는

『황실전범(皇室典範)』에 정해진 바에 의해서 천황의 남자자손이 이를 계승한다"고 규정함으로써 에도시대(江戶時代)까지 인정되었던 여자자손의 계승은 불가능하게 되었다. 그런데 현재 천황가에 마땅한 남자자손이 없기 때문에 여러가지 추측을 낳고 있다.

황실은 어떻게 생활하는가

율령제 이전부터 존재하던 미따(屯田, 황실의 직할령)나 미꾸리야(御廚, 반찬 등을 조달하던 땅), 미소노(御園, 채소밭) 등의 태반은 율령제 이후 오이료(大炊寮, 식량을 담당하는 기관)나 나이젠시(內膳司, 조리를 담당하던 기관)의 관리 아래 들어갔다가 다시 제사령(諸司領, 잡비를 충당하는 땅)으로 바뀌었다. 제사령과는 별도로 11세기 초부터 후원령(後院領)으로서 황실령인 장원(莊園)이 나타난다. 후원은 다이리(內裏, 천황이 주거하는 궁) 이외의 예비거처이며 후원령은 칙지전(勅旨田)으로 전해져왔다.

후원과 그 소령(所領)은 본질상 대대로 세습되었지만 원정(院政)이 시작된 뒤에는 지배자(천황이든 상황이든)의 것이 되었다가 1156년에 일어난 '호오겐(保元)의 난' 이후 후지와라노요리나가(藤原賴長) 등의 구령(舊領) 42개소를 몰관(沒官)하여 후원령으로 삼음으로써 비약적으로 늘어났다. 한편 카마꾸라바꾸후(鎌倉幕府)시대에는 원(園)의 분국령(分國領)이 전령됨에 따라 그 국아령(國衙領, 제국의 정청政廳의 지배 아래 있는 땅)이 장원화되어 중요한 황실령이 되었다.

1910년에 제정된 황실재산령(皇室財産令)에 따르면 "황실재산은 황위에 부속해서 영구적으로 전해지는 재산인 세전(世傳) 고료(御料, 무로마치바꾸후室町幕府시대 이후의 황실령)와 그 이외의 토지·건물·물품·금전·유가증권 등인 보통 고료"로 되어 있다. 그런데 황실재산 중에서 황실경제의 최대의 재원이 된 것은 고료림(御料林)이었다. 1937년의 조사에 의하면 세전의 고료림은 약 21만정보, 보통 고료림이 102만정보였다. 타이쇼오(大正, 재위 1912~26) 10년대에는 이곳에서 연간 1천만엔 내외의 수입을 올렸다.

그외에도 원래의 저축금과 『황실전범』에 따른 국고에서의 지원 등이 있었다. 메이지유신이 일어나 천황이 친정을 시작한 1869년부터는 국고에서 일정액이 지급되다가 1889년에는 『황실전범』이 제정되어 황실의 제반경비가 국고에서 정액 지급되었다. 그에 따라 1890년에는 300만엔, 1910년에는 450만엔이 되어 1945년 종전(終戰)까지 증액되지 않고 계속되었다.

황실의 중요한 지출은 궁중이나 신궁의 제사비, 능묘비(陵墓費), 생활비, 외국교제비, 장려금, 군사구호금, 재해가 발생했을 때 내리는 하사금, 궁내관(宮內官)의 봉급, 황족비(皇族費), 이궁(移宮) 등의 영선비(營繕費) 등이다.

한편 1945년 패전 후 일본국헌법의 시행으로 고료지(御料地) 등의 황실재산은 전부 국유화되었고 황궁 등 그 일부만이 황실용으로 제공되었다. 그리고 황실경제법(皇室經濟法)이 제정되어 황실의 비용은 황족의 일상적인 사비용인 내정비(內廷費),

의식이나 국빈 등의 접대 등 황실의 공적 활동에 필요한 경비인 궁정비(弓旌費), 사궁가(四宮家)의 황족의 생계비인 황족비 등으로 분류되어 전부 국고에서 지급되었다. 그 금액은 1975년에 내정비가 1억 6,700백만엔, 궁정비가 18억 7,626만엔, 황족비가 1억 251만엔이었다. 대단한 액수는 아니다.

일본 천황은 제2차 세계대전 후 어떻게 살아남았는가

많은 사람들이 갖는 의문 중의 하나가 왜 일본은 실력에 걸맞지 않게 미국에게 꼼짝도 못하느냐는 것이다. 실제로 일본은 자신들과 그리 큰 관련도 없는 걸프전(1991)에 미국이 몇십억달러를 내라 하면 아무 군말 없이 냈고, 캄보디아에 평화유지군을 파견하라 하면 헌법을 왜곡해가면서까지 자위대를 파견했다. 그래서 '미국의 봉(鳳)' 쯤으로 인식되고 있기도 하다. 그런데 최근 그 근거가 됨직한 문서가 발견되었다.

패전 직후인 1946년 일본 천황이 전쟁에 대한 자신의 입장을 밝힌 영문으로 된 고백록이 1997년 6월 초 미국에서 발견되었다. 당시 헌법에는 엄연히 천황이 주권자로 되어 있었다. 그럼에도 불구하고 연합군이 전범들을 재판에 회부하여 처벌하면서도 전쟁에 대한 최종적 책임을 져야 할 천황을 처벌하지 않은데 대한 의문과 전쟁에 대한 천황의 진정한 입장이 무엇이었는지에 대한 의문이 풀리지 않고 있었다. 따라서 전쟁에 대한 천황의 태도를 밝혀주는 고백록의 발견은 뉴스거리가 되기에 충분했다. 일본의 공영방송인 NHK는 그 고백록을 재빨리 입수해

1945년 일본이 패전한 후
천황이 거주하는 코오꼬(皇
居) 앞을 행진하는 미군.

서 그해 6월 15일 '두 개의 고백록'이라는 제목으로 특집방송을
내보냈다.

천황의 고백록은 미국의 페러스라는 한 퇴역장성이 남긴 유
품에서 발견되었는데 제목은 없고 작성자는 미국에 유학한 바
있는 테라사끼 히데나리(寺崎英成)라는 당시 천황의 비서로 되
어 있었다. 그래서 테라사끼의 유품을 뒤져보니 그의 유품에도
대동소이한 내용의 일본어로 된 고백록이 남아 있다는 사실이
밝혀졌다.

천황의 고백록을 유품 속에 남긴 패러스는 연합군사령부 최고사령관인 매카서(D. MacArthur)의 비서로 근무하다 퇴역한 미 육군 준장 출신의 인물로 1973년에 사망했다. 관계자의 증언에 의하면, 당시 연합군사령부에는 그만큼 일본을 잘 아는 사람이 없었고, 따라서 그는 연합군사령관이었던 매카서의 대일정책에 결정적인 영향을 미쳤다.

그는 전쟁 발발 전에 이미 세 번이나 일본을 방문했다고 한다. 그중 한번은 미국의 대학에서 함께 공부한 와따나베(渡邊)라는 여성을 방문한 적이 있었다. 와따나베의 장녀는 패러스가 와따나베에게 "일본을 알려면 무슨 책을 읽어야 하느냐"고 물어서 와따나베가 『신국의 나라 일본』이란 책을 소개해준 적이 있다고 증언했다. 그 책에는 천황이 절대자로 되어 있었다. 일본에 관심이 많았던 패러스는 1935년 간부학교 졸업 때 '일본군의 심리'에 관한 논문을 썼고, 후에 그의 논문은 군대에서 교재로 사용할 정도로 유명해졌다고 한다. 그는 군이 일본의 장래를 결정하고 천황은 절대자이므로 군은 천황에게 충성을 바친다고 생각했다. 어찌 보면 매카서가 일본과 전쟁을 하면서 그를 비서로 발탁한 것은 그의 일본에 대한 탁월한 식견 때문이었을지도 모를 일이다.

매카서는 종전을 앞두고 패러스에게 일본군에 대한 심리전을 맡겼다고 한다. 패러스는 일반인들은 천황에게 절대적인 충성을 바치고 있었지만 군의 지휘부에 대해서는 그렇지 않다고 생각했다. 그래서 천황은 비판하지 않은 채 군의 지휘부만을 비판하면서 그들이 천황을 속여 전쟁을 계속하고 있다는 내용의 전단을 살포했다. 이 전단은 크게 적중했고 천황의 한마디로 일본군은 아무런 저항 없이 항복을 했다는 것이다. 매카서도 후일 그를 극찬했다고 전해진다.

일본이 천황의 포츠담선언 수락연설 한마디로 항복을 하자 패러스는 매카서에게 "700만 일본군의 그 어떤 저항도 없이 간단하게 항복시킨 것은 천황의 힘이다. 지금 단계에서 일본을 통치하기 위해서는 천황이 필요하다"고 설득했다고 한다. 그리고 "소련이 천황의 폐지를 요구하는 것은 일본에 혼란을 야기해 공산혁명이 일어나도록 하려는 것인데 이런 소련의 의도를 보아도 천황을 존속시키는 것이 필요하다"고 설득했다는 것이다. 결국 매카서는 천황제를 폐지하면 국민들이 소란을 일으켜 통치하기 곤란해질 것이라고 생각하고 그에게 대책을 강구하게 했다고 한다.

패러스는 종전을 시킬 수 있는 천황이 왜 개전(開戰)은 막지 못했는가에 강한 의문을 가지고 있었다. 그는 미국 정부 최대의 협력자로 마지막 해군장관이었으며 수상까지 역임한 요나이 미쯔마사(米內光政)를 불러서 이런 요지의 말을 했다고 한다. "소련과 오스트리아 등이 천황의 처벌을 강력히 주장하고 있는만큼 천황을 존속시키기 위해서는 일본 국민들이 천황은 전쟁에 대해서 죄가 없다는 주장을 해야 한다. 그러기 위해서는 전쟁을 최종결정한 책임을 토오죠오 히데끼(東條英機) 당시 수상에게 씌워야 한다. 따라서 토오죠오가 재판에서 개전은 자신이 결정

1946년 5월 열린 토오꾜오 전범재판에서는 전쟁의 공동모의, 평화에 대한 죄, 인도에 대한 죄 등의 항목으로 도오죠오 히데끼 등 7명에게 사형이 선고되었고, 아라끼 사다오(荒木貞夫) 등 16명에게 종신금고가 언도되었다.

했고 천황이 개전을 반대했어도 강행했을 것이라고 증언하게 하라." 토오죠오의 담당 변호사가 요나이의 말을 전하자 토오죠오는 "내가 치욕을 무릅쓰고 재판을 받고 있는 것은 바로 그점 때문이다. 요나이군에게 걱정 말라고 하라"고 승낙했다는 것이다.

그리고 패러스는 천황의 비서로 미국에서 유학을 한 테라사끼를 황실과 연락할 수 있는 책임자로 정한 다음 그에게 전쟁에 대한 천황의 태도를 밝히는 문서를 작성하도록 요청했다는 것이다. 그 결과 패러스의 질문에 대한 답으로 일문과 영문으로 천황의 고백록이 작성되었고, 영문은 패러스의 유품 속에서, 일문은 테라사끼의 유품 속에서 발견된 것이다.

　천황은 테라사끼 등 5명을 불러 기억을 더듬으면서 1928년 6월 장쭤린(長作霖) 폭사 사건으로부터 1945년 종전 때까지의 중요한 사실을 구술했고 그들은 이 기록을 『성담배청록(聖談拜廳錄)』라고 이름붙였다. 천황은 그들에게 "패러스가 만든 전단이 대단히 효과적이어서 전쟁을 빨리 끝나게 했다. 쿠데타가 일어날 것이 두려워 빨리 종전을 했다고 밝혔다는 것이다. 그리고는 개전은 반대할 수 없었다. 만약 개전을 반대했으면 대내란(大內亂)이 일어나서 내가 신뢰하는 사람들은 살해됐을 것이고 나도 유괴되거나 살해되었을 것이다. 나는 갇혀 있는 수인처럼 무력했다. 내가 전쟁에 반대했어도 내가 반대한다는 의사가 밖으로는 전달되지도 않았을 것이다"라고 말했다는 것이다.

　천황은 테라사끼를 통해 패러스가 신뢰할 만한 사람이라는 것을 확인한 후 이른바 『성담배청록』을 패러스에게 넘겨줄 것을 허가했다는 것이다. 그런데 패러스는 내일(來日)한 미국의 전 대통령 후버(H. C. Hoover)에게 『성담배청록』의 존재를 알리고 대통령의 의견을 물었다고 한다. 그랬더니 후버는 이 문건은 비상시에 쓸 데가 있을 테니 공포하지 말고 보관하고 있으라고 했다는 것이다. 천황을 처단하라는 미국 내의 여론이 악화되거나 다른 연합국들이 천황에게 전쟁책임을 강하게 묻자고 주장하는 데 대비한 것이었다. 그러나 미국의 노력으로 문건은 공개되지 않고 그대로 패러스와 테라사끼의 유품 속에 남아 있게된 것이다.

한편 당시 천황이 전쟁에 대한 책임을 지고 자진해서 퇴임할 것이라는 소문이 나돌았다. 그런데 패러스가 토오꾜오재판이 끝날 때까지 퇴위하지 말라는 메씨지를 테라사끼를 통해서 천황에게 전달했다는 것이다. 천황은 미국 덕택에 전범으로서 재판받는 것을 면하게 된 것이다. 그리고 1946년 11월 3일에는 일본국헌법을 직접 발포하고 천황제는 유지될 수 있었다. 히로히또(裕仁)는 1971년 미국을 방문했을 때 패러스에게 훈장을 수여했다. 그런데 훈장품의서에는 "천황을 구해준 생명의 은인"이라고 그 이유가 적혀 있었다고 한다.

결국 미국은 한 일본 연구가의 연구를 바탕으로 천황을 이용하여 700만 일본군을 저항 없이 항복시킨 것이다. 그리고 공산혁명을 막고 일본으로 하여금 극동(極東)의 반공보루로서의 역할을 성실히 수행하게 만들었다.

『성담배청록』에는 우리들의 흥미를 끄는 내용이 더 보인다. "힘을 가지면 사용하고 싶은 게 군인"이라고 한 개전 이유와 "패전이 극단적인 군국주의보다는 행복"이라는 패전 논평이 그것이다. 그리고 영문판에는 없지만 일문판에 개전 이유를 "인종차별"이라고 밝히고 있다는 점도 눈길을 끈다.

제3장

일본 고대사 산책

토기를 사용하면서

일본열도에는 세계 7위에 해당하는 1억 2,700만여명(1999년 기준)이 살고 있다. 넓이는 남북한의 1.7배 정도인 약 37만km²로 동북아시아의 해상에 자리를 잡고 있다. 사방이 바다로 둘러 싸여 있어 쉽게 외국의 문물을 받아들일 수 있는 위치였다. 따라서 일본의 역사는 내부적인 요인보다도 외국의 영향을 받으면서 발전한 것이 큰 특징이다.

전근대에는 교통수단이 발달하지 못했으므로 주로 한반도나 중국을 통해 선진문물을 받아들였다. 일본열도는 원래 한반도와는 현해탄(玄海灘)이라는 장애 없이 곧장 연결되어 있었다. 빙하가 녹으면서 해수면이 높아져 일본열도가 대륙에서 완전히 분리된 것은 대략 1만년 전이다. 한반도와 분리되면서부터 진정한 의미에서 한반도와 교류하기 시작한 것이다.

일본의 원시시대는 토기로 시대를 구분한다. 인간이 수렵과 채집에 의존하면서 생활하던 구석기시대에는 아직 토기를 사용하지 않았다고 하여 선토기시대(先土器時代)라고 한다. 선토기시대는 몇십만년 전에 시작된 것으로 생각해왔으나 과거에 발굴된 구석기의 유적들이 조작되었다는 사실이 밝혀짐에 따라 현재는 대체로 3만년 내지 5만년 전부터 시작하여 1만년 전까지 계속된 것으로 보고 있다.

신석기시대가 되면 저온에서 구운 흑갈색 토기인 죠오몬토기(繩文土器)가 본토의 동북쪽에서 발생하여 서쪽의 큐우슈우(九州)에까지 이른다. 새끼줄 모양의 무늬가 있는 죠오몬토기를 사용하던 죠오몬시대(1만년 전~기원전 3세기)에는 간석기〔磨製石器〕가 제작 사용되지만 생활기반은 아직도 수렵·어로·채집의 단계였다. 획득한 식료품을 저장 조리하는 도구로서 여러가지의 형태나 문양을 가진 다양한 죠오몬토기가 만들어졌다.

죠오몬시대는 일본열도가 대륙에서 완전히 분리되는 시기였으므로 한반도와도 바로 교류하기 시작한다. 6천년 전 일본의 어로도구인 낚싯바늘이 부산 영도구의 동삼동(東三洞) 조개무지〔貝塚〕와 강원도 양양군 오산리(鰲山里) 유적에서 발견되고, 같은 시기에 북큐우슈우에서는 한국의 영향을 받은 것으로 추정되는 빗살무늬토기〔櫛紋土器〕 등이 발견된다. 그러나 당시에는 항해술이나 동기의 부족으로 커다란 교류는 없었다.

야마또에 나라가

기원전 3세기경부터 수렵·어로·채집생활에서 농경생활시대로 나간다. 그 시기 중국에서 진(秦)·한(漢)이라는 강대한 제국이 나타나 주변지역을 정복하자 벼농사 기술과 금속기를 가진 한반도 사람들이 대거 일본열도로 건너가게 되었다. 그 결과 죠오몬문화를 대신하여 대륙에서 들어간 벼농사와 금속기의 사용을 특징으로 하고 옅은 적갈색의 야요이토기(彌生土器)를 사용하는 문화가 발생한다.

한반도 남부의 영향으로 성립된 야요이문화는 먼저 북큐우슈우에서 성립되어 전국으로 번져나갔다. 기원전 3세기에 발생하여 기원후 3세기까지 계속된 야요이시대에는 벼농사로 생산력이 높아지고 농산물의 비축이 가능하게 되었고 집락(集落) 내에서 빈부의 차가 생기고 소국가들도 생겨나기 시작한다.

당시의 상황이 중국의 사서에 잘 나타나 있다. 『전한서(前漢書)』에는 왜의 소국가들은 기원전 1세기에 북큐우슈우에 백여 개가 생겨나서 한반도를 통해서 중국과도 교섭을 하기 시작한 것으로 되어 있다. 239년에는 30여개국으로 통합된 소국가들을 대표한 야마따이국(邪馬臺國)의 히미꼬(卑彌呼)라는 여제가 위(魏, 220~65)에 사신을 파견하여 '친위왜왕(親魏倭王)'이라는 칭호를 받기도 했다.

야마또(大和)지방에서 발생한 정권이 국토를 통일해나가는 4~6세기에는 전방후원분(前方後圓墳)을 특징으로 하는 고분문화가 꽃을 피운다. 거대한 전방후원분의 분구(墳丘)에는 하니

전형적인 전방후원분의 모습을 띠고 있는 닌또꾸릉(仁德陵).

와(花輪, 토우)가 둘러서 있고, 내분(內墳)에는 철제무기나 공구 이외에 동경(銅鏡)·옥(玉)·벽옥제팔찌 등의 주술적 성격을 갖는 것에서부터 마구(馬具)·갑주(甲冑, 갑옷과 투구)·관(棺)·금은장신구 등 한반도에서 전래된 유물들이 많이 발견되고 있다. 따라서 야마또정권이 한반도와 관계를 맺으면서 왕권을 강화하고 통일을 이룩해나갔음을 알 수 있다. 백제에서 건너간 사람들이 오오사까(大阪)평야를 관개하고 일본을 본격적으로 개화시키는 것도 바로 이 시기이다.

야마또(大和)와 그 주변을 기반으로 삼은 호족들로 구성된 야마또정권의 조직은 5세기 말경부터 점차 갖추어진다. 야마또는 지금의 나라현(奈良縣) 관할로 처음에는 '왜(倭)'라고 표시했으나 8세기 초 나라 이름을 두 글자로 하면서 '왜(倭)'와 통하는 화(和)에다가 대(大)를 더해서 '大和'라고 쓰기 시작한 것이다. 대표적인 호족으로는 헤구리노오미(平群臣), 오오또모노무라지(大伴連), 모노노베노무라지(物部連), 소가노오미(蘇我臣) 등이 있었다. 그들은 혈연을 나타내는 씨(氏)와 야마또정권에서의 직무를 나타내는 성(姓)을 가지고 있었다. 예를 들면 헤구리(平群), 오오또모(大伴), 모노노베(物部), 소가(蘇我)는 씨에 해당하고 오미(臣)나 무라지(連)는 성에 해당한다. 유력 호족의 장(長)은 우지노까미(氏上)로서 일족을 대표하여 조정에 출사(出仕)했다. 그리고 우지(氏)는 그 경제적 기초로 사유민인 부민(部民)과 대토지인 전장(田莊)을 가지고 있었다. 따라서 당시는 일종의 사회조직인 씨성제(氏姓制)가 정치조직의 역할을 대신했고 인민과 토지를 호족이 사유하는 사지사민제(私地私民制)의 사회였다.

일본은 고대국가로 발전하는 과정에서 대륙의 선진문물이 필요했다. 반면 고구려·백제·신라가 치열한 쟁투를 벌이던 한반도에서는 일본에게서 군사원조를 얻거나 상대방에게 군사원조를 제공하는 행위를 저지하기 위해서 앞다투어 야마또정권에 접근했다. 그러므로 삼국 중 어느 나라를 파트너로 삼을 것인가 하는 선택권은 일본에게 있었다. 삼국 중에서는 중국 남조(南

朝)와 관계가 긴밀했던 백제가 가장 선진적이었다. 그래서 야마또정권은 백제를 파트너로 선택하여 군원을 제공하는 대신에 선진문물을 공급받는 특수한 용병관계(傭兵關係)를 맺었다. 특히 당시 전파된 불교나 유교 등은 후세 일본인들의 정신구조에 커다란 영향을 미치게 되었다.

양국간의 용병관계가 계속되는 동안 백제에서 건너간 소가(蘇我)씨 등이 중계자 역할을 하면서 급성장하여 야마또정권의 주도권을 장악한다. 요오메이천황(用明天皇), 스슌천황(崇峻天皇), 스이꼬천황(推古天皇)은 모두 소가씨의 외손이며, 소가씨의 권력은 절정에 달한다. 그리고 백제와 일본의 관계도 절정에 달하게 된다.

율과 영으로 다스리던 시대

6세기 중후반이 되면 한반도에서는 백제의 대중(對中) 통로였던 한강 하류를 신라가 장악하고, 중국에서는 남조를 대신해서 북조(北朝)의 수(隋, 589~618)가 통일하여 고구려와 국경을 맞대게 되었다. 따라서 대륙의 선진문물을 필요로 하던 일본으로서는 백제뿐만 아니라 신라나 고구려와도 관계를 가지지 않을 수 없게 되었다. 그러나 당시 실권을 장악하고 있던 소가씨로서는 백제와의 특수한 관계 때문에 신라나 고구려와 긴밀한 관계를 추진할 수 없었다. 따라서 소가씨는 외손인 스이꼬천황을 세웠고, 고구려의 혜자(慧慈)를 쇼오또꾸태자(聖德太子)의 스승으로 모셨으며, 신라계의 하따(秦)씨를 배경세력으로 하였던 외손 쇼오또꾸태자를 섭정(攝政)으로 내세워 백제뿐 아니라 신라·고구려와도 관계를 맺는 다면외교를 추진해나간다. 그리고 수에도 사신을 파견하여 중국과 직접적인 접촉을 시도한다. 당시 수에 보낸 국서에서 "해뜨는 곳의 천자가 서쪽 해지는 곳의 천자에게 드립니다"라는 표현은 세계에 대해서 눈뜬 자신감의 표현이었다고 해도 좋을 것이다.

아스까(飛鳥)에 자리잡았던 스이꼬조(推古朝, 593~628)를 전후해서는 고분시대에 이루어진 기술의 진보에 새로이 고구려·백제·신라 삼국과 중국 육조(六朝)의 영향이 더해져서 최초의 불교문화가 발생한다. 당시에는 소가씨의 씨사인 아스까사(飛鳥寺)를 비롯해서 사원이 49개나 생겨났다. 아스까문화를 대표하는 건축으로는 호오류우사(法隆寺)를 꼽을 수 있고, 조각으로는 호오류우사 금당 석가삼존상(釋迦三尊像), 백제관음상(百濟觀音像), 코오류우사(廣隆寺) 미륵반가사유상(彌勒半跏思惟像) 등이 전해지고 있다. 그리고 고구려에서 그림·도구·종이·먹 등이 전해져 회화나 공예가 비약적으로 발전했다.

7세기 중반 한반도에서 삼국간의 쟁투가 격화되자 수를 이어서 등장한 당(唐, 618~906)은 고구려를 고립시키기 위해서 백제를 견제하고 신라를 뒷받침할 필요를 느꼈다. 그래서 일본의 실력자인 소가씨에게 백제와 맺었던 긴밀한 관계를 단절하고 당·신라와만 관계를 가질 것을 요구했다. 소가씨로서는 더이상 다면외교를 계속할 수가 없었고 신라나 백제 중에서 택일을 할 수밖에 없는 처지가 되었다. 당의 요구를 수용하는 것은 곧

호오류우사의 석가삼존상(왼쪽)과 아스까사의 석가여래상(오른쪽).

자기의 권력기반을 상실하는 것이 되었고, 거절하는 것은 선진
문물의 수입경로를 상실하여 지배층의 요구를 외면하는 일이
되었다. 그러나 소가씨의 우선 현안은 권력을 유지하는 것이었
으므로 당의 요구를 거절하고 백제와 계속하여 관계를 가지면
서 강화하지 않을 수 없었다.

소가씨가 지배층의 선진문물에 대한 욕구를 외면하고 당·신
라와 관계를 단절한 후 백제와 관계를 강화하자 승민(僧旻), 타
까무꼬노꾸로마로(高向玄理) 등 당·신라 유학생들과 나까또미
노까마따리(中臣鎌足) 등 신라와 관계가 깊은 인물들이 중심이
되어서 코오교꾸천황(皇極天皇)의 동생인 카루노황자(輕皇子,
뒤의 코오또꾸천황孝德天皇)와 아들 나까노오오에황자(中大兄皇

子, 뒤의 텐지천황天智天皇) 등을 끌어들여서 소가씨를 타도하고 645년 다이까개신(大化改新)을 단행한다. 그리고 이듬해에 타까무꼬노꾸로마로를 신라에 파견하여 친신라적인 쿠데타가 성공하였음을 알리고 김춘추(金春秋)를 초청하여 신라를 군사적으로 지원할 것을 약속하고 선진문물의 제공을 요구한다. 김춘추는 647년 도일(渡日)하여 일본의 의중을 확인한 다음 648년 입당(入唐)한다. 그는 당의 요구대로 일본이 신라를 지원할 것을 약속했다고 알림으로써 당·신라·일본 간의 삼국연합체제가 성립됐다.

당·신라와 삼국연합체제를 결성한 개신정권은 본격적으로 당·신라에서 선진문물을 받아들이기 시작한다. 신라와 당에 유학생을 파견하고 신라의 대학제도와 지방조직인 고호리(評, 군郡에 해당)제도 등을 본격적으로 도입하기 시작한다.

그런데 개신정권이 성립되고 얼마 지나지 않아 코오또꾸천황과 나까노오오에황자 사이에 권력투쟁이 일어났다. 당의 고구려 정벌이 본격화되자 나까노오오에황자는 당·신라와 관계를 더욱 강화하는 코오또꾸천황정권에 대해서 당이 고구려·백제를 멸한 뒤에는 일본까지도 침범할 것이라는 논리로 고구려·백제와 관계 복원을 요구했다. 그리고 자기의 의견을 관철시키기 위해서 백제계와 손을 잡는다. 654년 코오또꾸천황이 죽자 어머니 코오교꾸천황(皇極天皇)을 다시 사이메이천황(齊明天皇)으로 옹립한 다음 본격적으로 당·신라의 침입에 대비한 방어체제를 구축하면서 백제·고구려와 손잡고 당·신라에 대항해나간다. 660년 백제가 당에 멸망하고 백제부흥운동군이 구원을 요청하자 사이메이천황은 한반도에 나가서 백제·고구려와 손잡고 당·신라에 대항하기 위해서 큐우슈우에 내려가서 출병을 준비하다가 661년 7월에 급사한다. 어머니의 뒤를 이어 텐지천황으로 등극한 나까노오오에황자는 상중(喪中)임에도 2만 7천여 군사를 보냈다가 백촌강싸움에서 당군에게 대패한다.

백촌강싸움에서 대패한 텐지천황은 수도를 당·신라의 침입이 용이한 오오사까(大阪)에서 내륙의 오오미(近江)로 옮긴 다음 공지공민제(公地公民制)를 바탕으로 하는 율령제(律令制)의 확립으로 위기를 돌파하려 했다. 율과 영으로 통치되는 율령체제는 글을 아는 관료가 필요했다. 따라서 율령체제가 확립되는 데에는 백제의 멸망 후 대거 일본으로 건너간 백제의 지식층이 결정적인 공헌을 하게 된다.

그러나 지배층의 선진문물에 대한 욕구에 반하여 당·신라를 적으로 규정하고 백제·고구려와 손을 잡았던 텐지천황정권에 대한 불만은 내란으로 폭발한다. 672년 텐지천황이 병사하고 아들인 오오또모황자(大友皇子)가 등극하자 동생인 오오아마황자(大海人皇子)가 '진신(壬申)의 난'을 일으켜 권력을 장악하고 템무천황(天武天皇)으로 등극한다. 이때부터 일본과 백제의 오랜 관계는 일단 대미를 고하게 된다.

천황 계보도

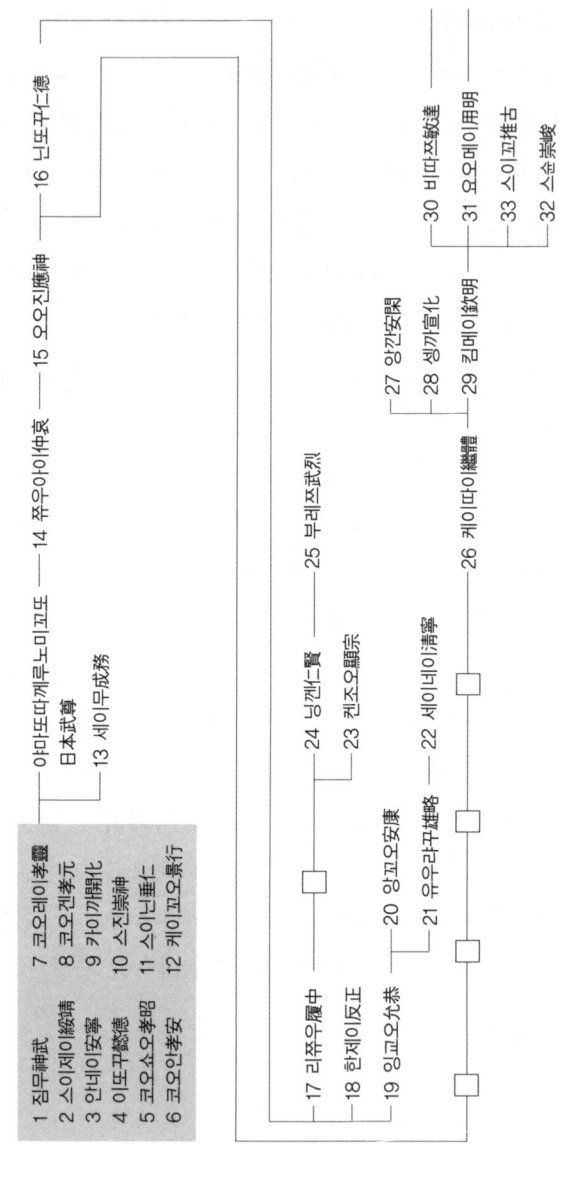

1 진무神武
2 스이제이綏靖
3 안네이安寧
4 이토쿠懿德
5 코오쇼오孝昭
6 코오안孝安
7 코오레이孝靈
8 코오겐孝元
9 카이가開化
10 스진崇神
11 스이닌垂仁
12 케이코오景行

13 세이무成務
야마또따께루미꼬또 日本武尊
14 쥬우아이仲哀 ── 15 오오진應神
16 닌토쿠仁德
17 리쥬中履中
18 한제이反正
19 잉교오允恭
20 안코오安康
21 유우라쿠雄略 ── 22 세이네이淸寧
23 켄조오顯宗
24 닝겐仁賢 ── 25 부레쯔武烈
26 케이따이繼體
27 안깐安閑
28 셍가宣化
29 킴메이欽明
30 비따쯔敏達
31 요오메이用明
32 스슌崇峻
33 스이꼬推古

228

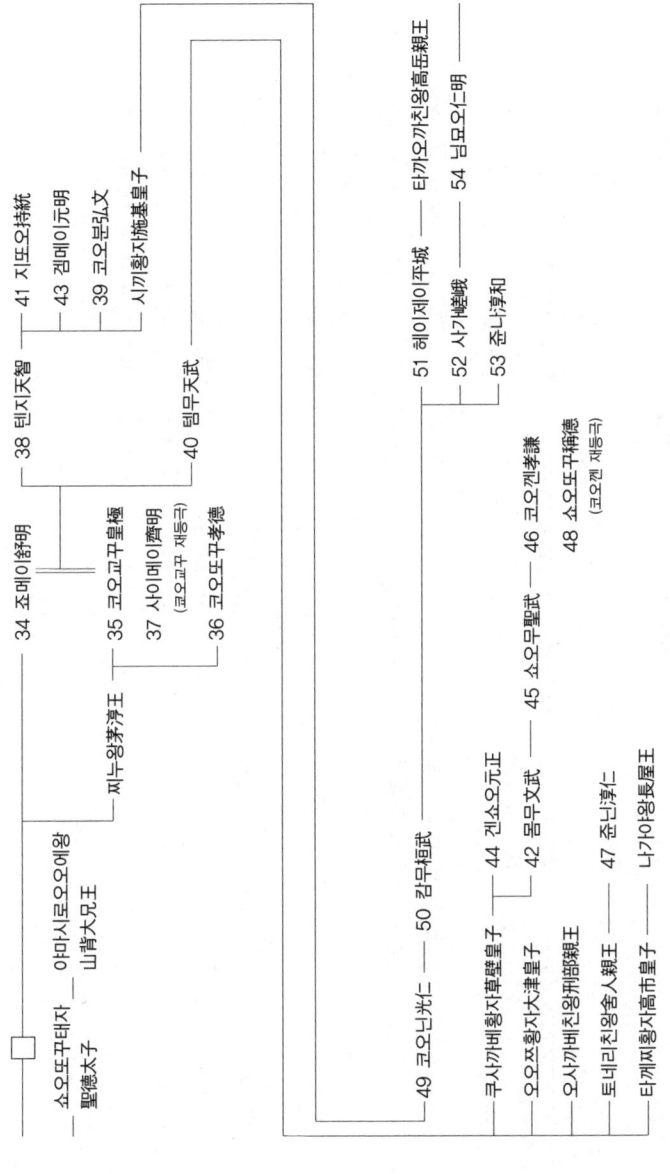

소오토쿠태자
聖德太子
야마시로오오에왕
山背大兄王

34 조메이舒明

38 텐지天智 — 41 지토오持統
43 겐메이元明
39 코오분弘文
시끼황지施基皇子

재누왕孝淳王
35 코오교오모皇極
37 사이메이齊明
(코오교오 재등극)
36 코오토쿠孝德

40 템무天武

49 코오닌光仁 — 50 칸무桓武

쿠사까베황지草璧皇子 — 44 겐소오元正
오오쯔황지大津皇子
오시까베친왕刑部親王
토네리친왕舍人親王 — 47 쥰닌淳仁
타가야제왕志高市皇子

42 몬무文武 — 45 소오무聖武 — 46 코오겐孝謙
48 소오토쿠稱德
(코오겐 재등극)

51 헤이제이平城
52 사가嵯峨
53 쥰나淳和

타카오까친왕高岳親王
54 님모오仁明

229

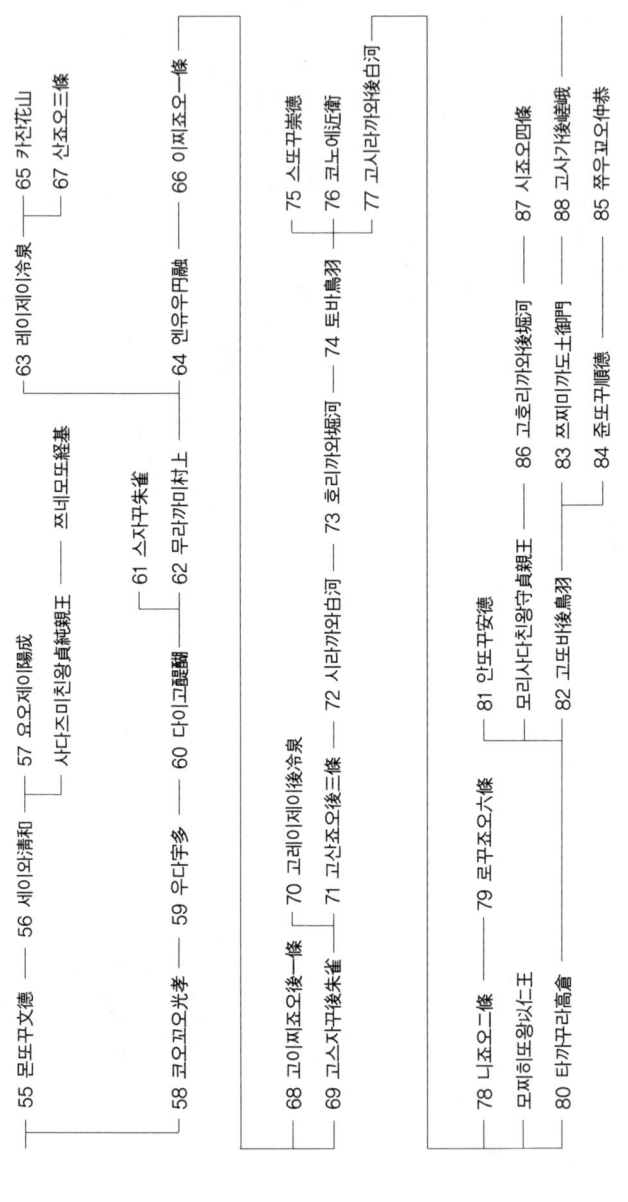

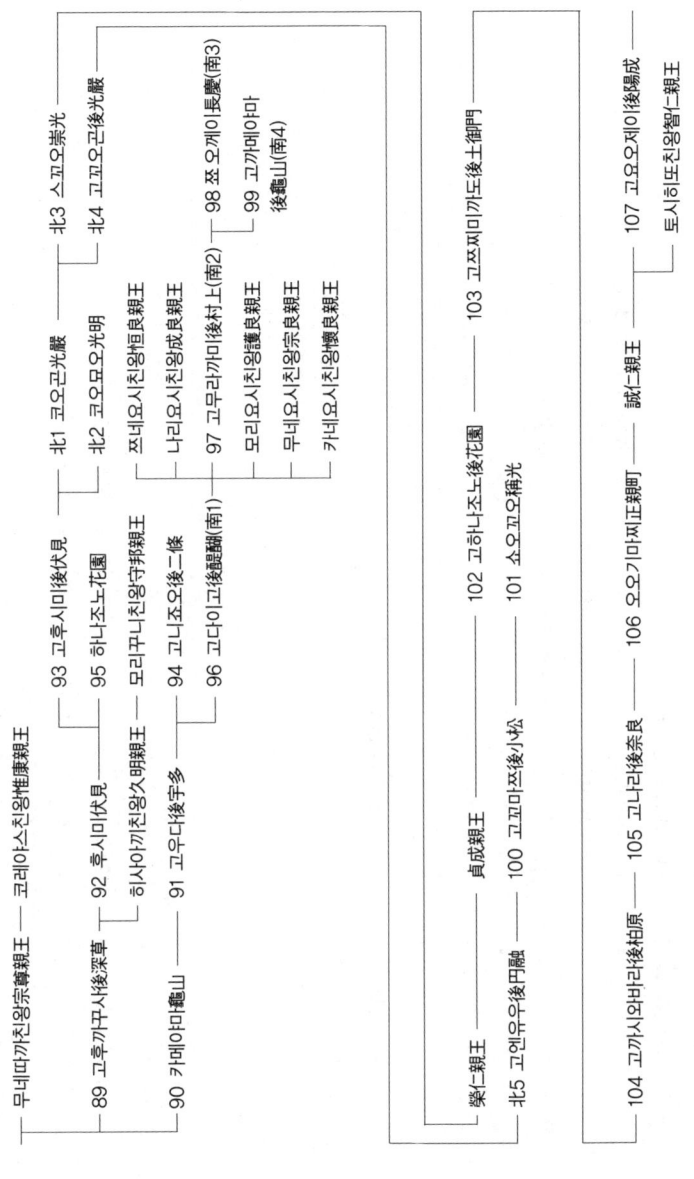

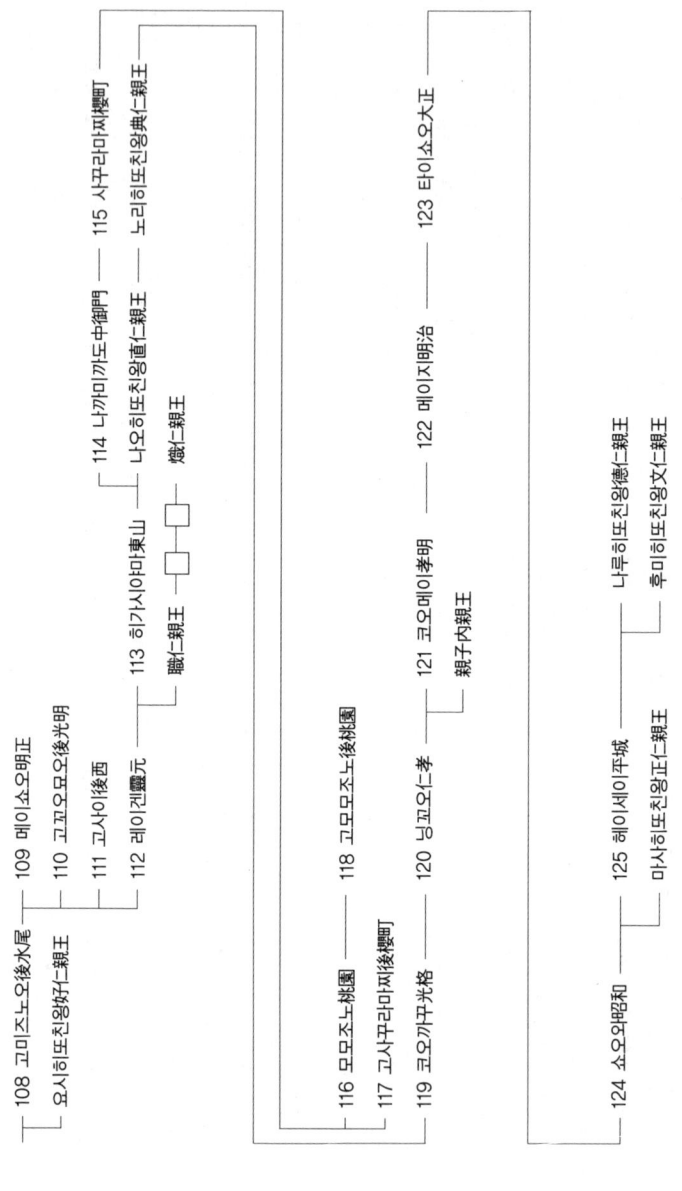

108 고미즈노오後水尾 ─── 109 메이쇼오明正
　　　└ 요시히토친왕왕好仁親王
　　　　　 110 고꼬오묘오後光明
　　　　　 111 고사이오後西
　　　　　 112 레이겐靈元 ─── 113 히가시야마東山 ─── 114 나까미카도中御門 ─── 115 사꾸라마찌櫻町
　　　　　　　　　　　　　　　└ 職仁親王 　　　　　　　나오히토친왕直仁親王 ─── 노리히토친왕典仁親王
　　　　　　　　　　　　　　　　└ 熾仁親王 　　　　　　　　　　　　　　　　　　　　　　　　　　 └ 熾仁親王

116 모모조노桃園 ─── 118 고모모조노後桃園
117 고사꾸라마찌後櫻町
119 코오카꾸光格 ─── 120 닝꼬오仁孝 ─── 121 코오메이孝明 ─── 122 메이지明治 ─── 123 타이쇼오大正
　　　　　　　　　　　　　　　　　　　　　　 親子内親王

124 쇼오와昭和 ─── 125 헤이세이平城
　　　　　　　　　 마사히또친왕正仁親王
　　　　　　　　　 나루히또친왕德仁親王
　　　　　　　　　 후미히또친왕文仁親王

232

찾아보기

백제는 일본의 기원인가

초판 1쇄 발행/2002년 11월 30일
초판 9쇄 발행/2022년 3월 11일

지은이/김현구
펴낸이/강일우
편집/염종선 김종곤 서정은 김경태 조형옥
펴낸곳/(주)창비
등록/1986년 8월 5일 제85호
주소/10881 경기도 파주시 회동길 184
전화/031-955-3333
팩시밀리/영업 031-955-3399 편집 031-955-3400
홈페이지/www.changbi.com
전자우편/human@changbi.com

ⓒ 김현구 2002
ISBN 978-89-364-8225-1 03910